滄海叢刊

魯迅這個人

劉心皇 著

1986

東大圖書公司印行

行政院新聞局登記證局版臺業字第〇一九七號

版權所有 翻印必究

中華民國七十五年六月初版

© 魯迅這個人

基本定價叁元伍角陸分

著作者 劉心皇
發行人 劉仲文
出版者 東大圖書股份有限公司
總經銷 三民書局股份有限公司
印刷所 東大圖書股份有限公司
臺北市重慶南路一段六十一號二樓
郵撥：〇一〇七一七五－〇號

魯迅這個人
編號 E 71016
東大圖書公司

序

劉著「魯迅這個人」讀感

鄭學稼

八月七日❶中共的「新華社」報告：九月二十五日是魯迅誕生一百年，各省區成立紀念會，在各地中共黨委領導下，統一組織開展各項紀念活動。活動方式是：舉辦魯迅的生平、美術、書法、著作以及攝影等展覽；出版著作和研究的專著、回憶錄、專輯、叢刊等。北平、上海、紹興、廣州等地魯迅博物館、紀念館、故居均整修、充實。排演魯迅的「阿Q正傳」、「祝福」、「祥林嫂」、「傷逝」、「藥」。放紀錄片—「魯迅光輝的一生」、電視劇：「故鄉」、「孔乙己」、「社戲」等。又九月在北平舉行大規模全國性的紀念魯迅誕生一百週年學術討論會。工會、共青團、婦聯等組織和「教育部」在有關單位配合下，組織報告會、通俗講座，向羣衆青年介紹魯迅的革命精神。

在上述情況下，劉心皇先生出版「魯迅這個人」，是有意義的。

❶ 是民國七十年（一九八一）的八月七日。

為什麼中共大張旗鼓地紀念魯迅誕生一百週年？在中共歷史上，受那樣待遇的人，除了他，只有毛澤東。可是，毛澤東是中共王朝的「太祖高皇帝」，而魯迅呢？只是一個文學家。

不少人說：中共之捧魯迅，為著他是特殊黨員。一部中共史，除了按照「職業革命家黨」的規定入黨的黨員，確有特殊的黨員。

第一個是在周恩來死後才公開的洪憲皇帝擁戴者楊度。由於它的具名，又用周恩來的談話方式，說楊是黨員，不要在歷史著作中攻擊他。他對中共功勞是營救被捕的中共黨員和資助暴動。

第二個是鄒韜奮。那是他死後中共依他的遺願追封為黨員。他對中共的功勞是把生活書店充當中共的文化機構，和自己捧中共。

第三個是茅盾。他是創黨初期的活動者，但清黨後脫黨，曾因出版諷刺中共的「三部曲」而受圍剿。後來「痛改前非」，跟中共走，並出版有利於三十年代中共策略的「子夜」。按照這紀錄，他並沒有特殊功勞，可是死後却受追封為「黨員」的「殊榮」。

第四個是將死前的宋慶齡，由鄧小平「祝賀」她入黨。

為什麼鄒韜奮要「黨員」的「尊號」？唯一理由是：他的後代，不會因他一旦被列於「黑五類」而遭殃，還可陞為「新階級」中人。

但是魯迅死時，並沒有要求中共追封為「黨員」，生前，他也不是黨員。對這件事，劉心皇先生的著作第二節，有詳細的考證。他為讀者們指出：在「左聯」成立前，魯迅曾攻擊中共的

「革命文學」（見劉著第四節）；就在充當「左聯」的名義上領導者時，還曾與中共的「文總」鬥爭（見劉著第五節）。

也許人們會問：魯迅既有上述的記錄，為什麼過去是魯迅所說的「奴隸總管」，現在仍充當中共文藝家指揮官的周揚，不用魯迅生前反中共的證據，報魯迅一棍之仇呢？

說起魯迅反中共或幹非中共所能原諒的事，依魯迅自己的「日記」，除了阻止「三郎」（蕭軍）加入「左聯」和中共，還有他長期拿國民黨的津貼（當時「以黨治國」—拿國民政府大學院的津貼等於拿國民黨的錢）和暗中與瑞金「中央蘇維埃政府」所通緝之托派伊羅生（美國人）勾結。如果當時周揚派不知道那通緝令，事後該知道的。又當他看到魯迅的「日記」時，手握確證，為什麼不反擊呢？最大理由在於魯迅的「罵太監捧皇帝」的手段，和曾得龍顏的歡悦。當神化毛澤東時，周揚不僅捨棄可給魯迅以致命的武器，還依毛澤東的心意捧魯迅。

筆者曾不只一次想到這有趣的問題：「五四」以後，何以只有兩個知識分子，得到他倆所料想不到的榮譽。那兩人，就是蔡元培和魯迅。前者以北大校長身分先鼓勵學生張國燾（可能還有些別人）加入共產黨，而後參加（不說發動）清黨。等城市的共產黨所剩無幾，他又變為親共者，除了充當被捕共黨分子的保護人，還成立反對自己曾參加建立之國民政府的組織。可是，他死後，中共忘記他的手曾染自己「同志」的鮮血；清共者也忘記他在上海的反國民政府活動。雙方忙於建「館」和「堂」紀念他。

另一個就是魯迅。他的評共、反共和捧共經歷，劉心皇先生的著作有詳細的說明；只差揭露他勾結托派、和對當時蘇聯的文藝路線並非支持斯大林派。最使人感到諷刺的，是被他毒罵過的周揚，恭敬地在他靈前求赦的情態。

就事實而言，中共之捧魯迅，超過魯迅所應得的。因為，魯迅是一個文學家，不是馬列主義思想家。也許周揚深知這一點，讓大家在過份的捧魯迅中產生反感，收到日後反魯迅之果。

自中共建立政權起，出版有關魯迅的作品超過任何人。由劉心皇先生著作第六至第八節❷所列舉的資料，可以證明。但那還不是全部，只是劉先生所知和所見的，該還有一些遺漏。這是可諒解的，因為在台北見到那種資料是不易的。由劉著的資料表，讀者可以推想大陸捧魯迅狂，同時還可以由九月下旬大陸各種紀念魯迅的言論，推知中共為何幹這一戲法！

劉心皇先生數十年如一日收集「五四」以來新文藝運動的資料，不僅寫過有關的著作，而且在那些著作中提出自己的見解。這對於要了解「五四」以來文藝史者，有很大的貢獻。（八・一七）

❷「魯迅這個人」原稿有八篇文章，因爲字數太多，刪掉三篇，擬另行編入「魯迅這個人」的續編之中。鄭學稼先生的序文是根據原稿八篇（就是他所說的八節）撰寫的，與現在的篇次不同，但所舉內容，則多已述及。便不再請他改寫了。

魯迅這個人 目次

伍、魯迅與托派

壹、從「魯迅書簡」看魯迅對中共「文總」的鬪爭

小引

魯迅在上海的十年，是他生命中最後的十年，也是新文學發展中最爲重要最爲複雜的十年。在這十年之中，最後的六年（一九三〇——一九三六）是「左聯」時期，引起許多糾紛和許多論戰，結果是導致共黨利用「統戰」控制了文藝。

在「左聯」時期，一開始就埋下了魯迅和「創」、「太」二社份子基本上分歧的炸彈。因爲他們的「團結」和「合作」，是極不自然的。「創」、「太」二社「圍剿」魯迅，魯迅起而不客氣的反擊。正在此時，中共「中央」有命令，叫「創」、「太」二社停止攻擊魯迅，並「聯合」魯迅成立一革命文學的團體[1]。「創」、「太」二社聽命之後，接着便是「左聯」的成立。也由

於中共策略性的命令太急，基本上的問題並未解決❷。遂導致在「左聯」的中共份子之衝突，並且逐漸演變爲激烈的鬬爭。

到民國二十四年（一九三五）二月，中共上海地下黨組織被破壞，它的「文委」❸成員只剩下夏衍和周揚，並與中共「中央」失去聯絡，不久，他們與同樣失去組織關係的胡喬木、章漢夫、楊仿之等取得聯繫，加上當時「社聯」的負責人錢亦石，他們五人組織了一個「臨時文總」的領導組織，楊仿之爲幹事。就是夏衍所說的，大約有一年半的時間，他們與共黨中央完全失去聯繫，但他們幾個人還是搞下去（當時上海文化界黨員還有一百四五十人）❹。就在這時，魯迅

---

❶ 夏衍說：「一九二九年秋籌備『左聯』，這是因爲黨制止了太陽社、創造社、和魯迅之間的激烈爭論。當時，周恩來、李富春同志有指示。」（「關於中國左翼作家聯盟」刊「中國現代文學研究叢刊」一九八〇年第一輯頁一一七）

❷ 阿英說：「我們對魯迅檢討過，承認在論爭中，不應該用那種態度對待他，魯迅也說了些團結的話，談話時，我們對魯迅是尊重的，但思想上雙方並未徹底解決問題。」（吳泰昌記述「阿英憶左聯」，刊「新文學史料」季刊第六期）

❸ 「文委」相當「文總」的黨團。

❹ 夏衍在「關於中國左翼作家聯盟」一文中說：「秋白走後，上海地下黨組織，在一九三五年二月遭到破壞，大批黨員被捕（陽翰笙、杜國庠、許滌新、朱鏡我、田漢等被捕都在這時），黨的文委成員只剩下我和周揚，阿英雖然倖免，但他父親也被捕了。江蘇省委雖然重新成立了一下，旋即又被破壞。大約有一年半的時間，我們與黨中央完全失去聯繫。但我們幾個人還是搞下去（當時上海文化界黨員還有一百四五十人）。不久，我們與同樣失去了組織關係的胡喬木、章漢夫、楊仿之取得了聯繫，加上當時社聯的負責人錢亦石，我們五人組織了一個臨時文總的領導組織（楊仿之爲幹事）。（此文刊「中國現代文學研究叢刊」一九八〇年第一輯）

對他們的鬥爭升了級，以致弄到公開的地步。

這一段魯迅對中共「文總」❺的鬥爭，資料俱在，但在中共從事文藝運動的作家談起這一段事實時，總是故意歪曲，說的多是吞吞吐吐，彷彿是魯迅聽信了胡風等人的話。從這一事件來看，中共份子是不容許有異己者存在的。他們多是神經兮兮，特別敏感，疑心又特別重的一種人，所以中共自建黨以來，對內的鬥爭，一波未平一波又起，奇計怪招，層出不窮。這種許多見

---

❺「文總」是「中國左翼文化運動總同盟」的簡稱。至於「左聯」，是「文總」領導下的一個比較活躍的組織，它的成立早於「文總」，在開始階段，幾乎兼負着「文總」的任務，後來，又一直和兄弟組織如「劇聯」、「美聯」、「記者聯」等協作得很好。「左聯」活動面廣，領導的刊物多，是屬於文藝性的。而「社聯」（「中國社會科學家聯盟」）主持的刊物，在數量上，亦不少於「左聯」，是屬於直接宣傳馬克思主義的，它的刊物壽命很短，剛一出版，便被禁止。「社聯」成立於十九年（一九三〇）五月二十日，比「左聯」遲兩個半月，比「文總」早一個半月，其中有些人，又是「左聯」的成員。（晦庵：「書話」頁三六。）

又據馮雪峰談「文總」與「左聯」等組織的關係，是這樣的：「『文總』（中國左翼文化運動總同盟）並沒有黨團；『文委』（當時全稱爲『中央文化工作委員會』）卽相當於『文總』的黨團。『文委』（大概成立于一九二九年下半年）從成立時至一九三〇年三月的書記，大概是潘漢年；一九三〇年三月至一九三一年二月是朱鏡我；一九三一年二月至一九三一年六、七月是馮乃超；一九三一年下半年是祝伯英；一九三二年是馮雪峰；一九三三年是陽翰笙……

『文總』于一九三〇年三、四月間成立後的負責人是李一氓（他負責到一九三〇年年底）；「文總」成立時大概有『執委』和『常委』，但記得未設有主席或主任；李一氓當時是『文委』成員之一，大概又是『文總』的常委之一。」（「馮雪峰致陳則光的三封信」，刊「新文學史料」第九輯頁二二四。）

不得人的手段，不僅對活人，還施之於死人，對他們死去的「領導者」，也是反反復復批判不已，終於成爲一種鞭屍的黨。

現在，從已發現的資料中，把魯迅對中共「文總」的鬪爭，勾稽出來，看看中共的「文學家」是怎麼整人的！

在「魯迅書簡」中所透露的反共心聲

許廣平在魯迅逝世之後，她登報徵求遠近友好給她幫助，把以前魯迅寄出的信，借給她拍照留底，以便將來影印成集。她先後得到魯迅的信，計有八百餘封，通訊者七十餘位。

許廣平在「魯迅書簡」的「編後記」裏說：「在一九四四年秋間，承楊霽雲先生指示，謂世變瞬息，難以逆料。對魯迅的遺著，殷殷以未行付梓爲念，屢被督促，且不惜親自撥出奔走衣食的時間，助我把日記、書簡複寫抄存，除原稿外，又多三份，歷時數月，大部分的複寫，每一個字，要力透五層紙張，抄未及半，楊先生右手中指，已結成黃豆大的一粒硬繭了。然仍願以人力回天，不斷繼續，抄稿的大部分，都是楊先生的勞積。……至一九四五年春間，方才慶幸抄錄竣事，得透一口氣。於是，把抄稿分藏數處，有時甚至一日數遷。却就在這時，鐵鳥不斷飛來上

海，偵察投彈，逐漸有加緊反攻的氣象。……」❻

到三十五年（一九四六）十月，許廣平才把這些書簡排印出來，名曰：「魯迅書簡」。

我所以把許廣平徵求、保存和印行「魯迅書簡」的經過，敘述在這裏，是在說明她保存這一部分文學史料的苦心，值得記上一筆，否則，也就是說假如她把這些書簡遺失或被炸毀了，魯迅反共的心聲，世人便無從得知了。

下面，便是從「魯迅書簡」中摘出所透露出來的反共話語，分別列出並加按語。

一、「革命文學」是拾人牙慧

此地有人拾『彼間』牙慧，大講『革命文學』，令人發笑。專掛招牌，不講貨色，中國大抵如斯。

按：此信諷刺「革命文學」，至為顯然。魯迅此信，是於一九三〇年四月九日致李秉中者。李秉中，字庸倩，四川人，當時是北京大學學生，後入黃埔軍官學校，一九二六年被派蘇聯，入莫斯科中山大學，翌年又赴日本，學陸軍，一九三二年回國，在南京國民黨的軍事機關擔任教官。魯迅寫此信時，「左翼作家聯盟」已經成立。在魯迅的心裏，仍然是瞧不起「創」、「太」

❻ 許廣平「魯迅書簡」頁一〇四三—一〇四七「編後記」。
又：一九五八年十月，人民文學社出版「魯迅全集」十卷注釋本時，最末兩卷，又刊有一部分「書簡」。

二社的「革命文學」。而「創」、「太」二社亦沒有改變對魯迅的心態。只是迫於中共的命令，奉魯迅爲「左聯」之領袖，但暗中仍在反對魯迅，並在小報上製造魯迅的謠言。

二、關於謠言

其實我自到上海以來，無時不被攻擊，每年也總有幾回謠言，不過這一回造得較大，這是有一些人，希望我如此的幻想。這些人大抵便是所謂『文學家』，如長虹一樣，以我為『絆脚石』，以為將我除去，他們的文章便光焰萬丈了。其實是並不然的，文學史上，我沒有見過用陰謀除去了文學上的敵手，便成為文豪的人。

但在中國，却確是謠言也足以謀害人的，所以我近來搬了一處地方。景宋也安好的，但忙于照看小孩。我好像未曾通知過，我們有了一個男孩，已一歲另四個月，他生後不滿兩月之內，就被『文學家』在報上罵了兩三回，但他却不受影響，頗壯健。

……我的敵人（鬼鬼祟祟的）也太多，但我若存在一日，終當為文藝盡力，試看新的文藝和在壓制者保護之下的狗屁文藝，誰先成為煙埃。並希兄也好好地保養，早日痊癒，無論如何，將來總歸是我們的。

按：魯迅此信寫於一九三一年二月二日，是致韋素園的。當時的背景：控制「左聯」的中共組織，有「文總」的「文委」，下有「左聯」的「黨團」。「左聯」的黨團書記馮乃超，自二月後，調文委書記。由馮雪峰任「左聯」黨團書記，黨團成員是：沈端先（夏衍）、陽翰笙、彭慧等。此時的夏衍和陽翰笙便是在暗中陰謀造魯迅的謠言，故魯迅在此信中說，謠言謀害人的可怕。

此次謠言內容，是說魯迅在元月十七日被捕，並說被捕者有數十人。

三、小報盛造謠言

我自旅滬以來，謹慎備至，幾於謝絕人世，結舌無言。然以昔曾弄筆，志在革新，故根源未竭，仍為左翼作家聯盟之一員。而上海文壇小醜，遂欲乘機陷之以自快慰。造作蜚語，力施中傷，由來久矣。哀其無聊，付之一笑。上月中旬，此間捕青年數十人，其中之一，是我學生。（或云有一人自言姓魯）飛短流長之徒，因盛傳我已被捕。通訊社員發電全國，小報記者盛造謠言，或載我之罪狀，或敘我之住址，意在諷喻當局，加以搜捕。其實我之伏處牖下，一無所圖，彼輩亦非不知。而滬上人心，往往幸災樂禍。冀人之危，以為談助。大談陸王變愛於前，繼以馬振華投水，又繼以蕭女士被强姦案，今則輪到我之被捕矣。文人一搖筆，用力甚微，而於我之害則甚大。老母飲泣，摯友驚心。十日以來，幾於日以發緘更正為事，亦可悲矣。今幸無事，可釋遠念。然而三告投杼，賢母生疑。千夫所指，無疾而死。生丁今世，正不知來日如何耳。東望扶桑，感愴交集。

按：魯迅此信，寫於一九三一年二月四日，是致李秉中的。他所說的「小報記者」往往是與周揚有關的，意思是說：原有「創」、「太」兩社的人，雖加入「左聯」，但在暗中運用小報以攻擊他，給他造謠。雖說該兩社僅有一部分人是如此的，但魯迅是很難過，故在給李秉中的信中，說明了他所感受的痛苦。

四、關於「造謠生事、害人賣友、動輒要你生命」

我與中國新文人相周旋者十餘年，頗覺得以古怪者為多，而漂聚於上海者，實尤為古怪，造謠生事，害人賣友，幾乎視若當然，而最可怕的是動輒要你生命。但倘遇此輩，第一切戒憤怒，不必與之針鋒相對，只須付之一笑，徐徐撲之。吾鄉之下劣無賴，與人打架，好用糞帚，足令勇士却步，張公資平之戰法，實亦此類也，看自由談所發表的幾篇批評，皆太忠厚。

按：魯迅此信寫於一九三三年七月八日，是致黎烈文的。黎烈文湖南湘潭人。曾主編「申報」副刊「自由談」，「中流」半月刊。

魯迅在此信中，所指責者為張資平。張亦為「創造社」之一員。但所發的感慨，則多指「左聯」中對他要陰謀的共黨黨員。

五、關於「文學季刊」

文學季刊一有風聲，此間卽發生謠言，謂因與文學社意見不合，故別辦一種云云。上海所謂「文人」之墮落無賴，他處似乎未見其比，善造謠言，此地亦稱為「文人」；而且自署為「文探」，不覺可恥，真奇。季刊中多關於舊文學之論文，亦很好，此種論文，上海是不會有的，因為非讀書之地。我居此五年，亦自覺心粗氣浮，頗難救藥，但於第一期，當勉力投稿耳。致建人信，後日當交去。

按：魯迅此信，寫於一九三三年十月廿七日，是致鄭振鐸的。鄭振鐸福建長樂人，文學研究會中堅份子。曾任燕京大學，暨南大學教授等職，著有「文學大綱」、「中國文學論集」等書。魯迅寫此信時的背景：「左聯」的書記，自一九三三年下半年起由周起應（周揚）擔任。成員爲田漢、陽翰笙等，當時，周揚對魯迅的態度，是表面恭維，暗中打擊，甚至利用小報製造謠言。

六、魯迅患腦炎的謠言

頃接十日函，始知天津報上，謂我已生腦炎，致使吾友驚憂，可謂惡作劇；上海小報，則但云我已遁香港，尚未如斯之甚也。其實我腦旣未炎，亦未生他病，頑健仍如往日。假使真患此症，則非死卽殘廢，豈輟筆十年所能了事哉。此謠蓋文氓所為，由此亦可見此輩之無聊之至，諸布釋念為幸。插畫家正在物色，稍遲仍當奉報也。

按：魯迅此信寫於一九三四年三月十五日夜，是致姚克的。姚克，一名莘農，曾與林語堂合編英文刊物「天下」。

魯迅在此信中說：「此謠蓋文氓所爲」。意思是指周揚等人。魯迅在「上海文壇之一瞥」中，曾指「創造社」爲才子加流氓。現在，則是直指周揚等共黨控制「左聯」的份子爲文藝流氓。

七、魯迅大病的謠言

關於我的大病的謠言，頃始知出於奉天之「盛京時報」，而所根據則為「上海函」，然則仍是此地之文氓所為。此輩心凶筆弱，不能文戰，便大施誣陷與中傷，又無效，於是就詛咒，真如三姑六婆，可鄙亦可惡也。

按：魯迅此信寫於一九三四年三月廿四日，是致姚克的。

魯迅在此信中所說的造他大病謠言一節，仍認爲是上海的文氓。而這「文氓」的含義，便是指周揚所領導下的「左聯」黨團的份子。

八、關於「大衆語」

我看這事情複雜，艱難得很。一面要研究，推行羅馬字拼音；一面要教育大衆，先使他們能够看；一面是這班提倡者先來寫作一下。逐漸使大衆自能寫作，這大衆語才真的成了大衆語。

但現在真是嘩啦嘩啦。有些論者，簡直是狗才，借大衆語以打擊白話的，因為他們知道大衆語的起來還不在目前，所以要趁機會先將為害顯然的白話打倒。至於建立大衆語，他們是不來的。

中國語拉丁化；到大衆中去學習，採用方言；以至要大衆自己來寫作，都不錯。但迫在目前的明後天，怎麽辦？我想，也必須有一批人，立刻試作淺顯的文章，一面是試驗，一面看對於將來的大衆語有無好處。並且要支持歐化式的文章，但要區別這種文章，是故意胡鬧，還是為了立論的精密，不得不如此。

照現在的情形看來，倘不小心，便要弄到大衆語無結果，白話文遭毒打，那麼，剩下來的是什麼呢？

按：魯迅此信寫於一九三四年七月二十九日，是致曹聚仁的。曹聚仁浙江浦江人。當時任暨南大學教授和「濤聲」周刊主編。

魯迅此信，是在「左聯」黨團組織指導下的「大衆語」，以及「中國語」的拉丁化，不去寫作，不去實驗，等於先打倒白話，將來會有什麼結果呢？所以，魯迅認爲他們「簡直是狗才」。

九、上海有些這樣的「革命」青年

關於大衆語問題，我因為素無研究，對個人不妨發表私見，公開則有一點躊躕，因為不豫備公開的，所以信筆亂寫，沒有顧到各方面，容易引出岔子。我這人又是容易引出岔子的人，後來有一些人會由此改罵魯迅而忘記了大衆語。上海有些這樣的『革命』青年，由此顯示其『革命』，而一方面又可以取悅於某方。這並不是我的神經過敏，『如人飲水，冷暖自知』，一箭之來，我是明白來意的。但如先生一定要發表，那麼，兩封都發表也可以，但有一句『狗才』云云，我忘了原文，請代改為『客觀上替敵人繳械』的意思，以免無謂的糾葛。

語堂是我的老朋友，我應以朋友待之，當「人間世」還未出世，「論語」已很無聊時，曾經竭了我的誠意，寫一封信，勸他放棄這玩意兒，我並不主張他去革命，拼死，只勸他譯些英國文學名作，以他的英文程度，不但譯本於今有用，將來恐怕也有用的。他回我的信是說，這些事等他老了再說。這時我才悟到我的意見，在語堂看來是暮氣，但我至今還自信是良言，要他於中國有益，要他在中國存留，並非要他消滅。他能更急進，那當然很好，但我看是決不會的，我決不出難題給別人做。不過另外也無話可說了。

看近來的論語之類，語堂在牛角尖裏，雖憤憤不平，却更鑽得滋滋有味，以我的微力，是拉他不出來的。至於陶徐，那是林門的顏曾，不及夫子遠甚遠甚，但也更無法可想了。

按：魯迅此信寫於一九三四年八月十三日，是致曹聚仁的。魯迅在此信中，特別提出：「上海有些這樣的『革命』青年，由此顯示其革命，而一方面又可取悅於某方。」這話中的「由此」，是上文所說的：「後來有一些人，會由此改罵魯迅而忘記了大衆語。」這裏所說的「有一些人」，仍然是指周揚等人的流氓行爲。「至於陶徐」，陶是指陶亢德，徐是指徐訏。

一〇、對付謠言和誣衊的辦法

罵別人不革命，便是革命者，則自己不做事，而罵別人的事做得不好，自然便是更做事者。若與此輩理論，可以被牽連到白費唇舌，一事無成，也就是白活一世，於己於人，都無益處。我現在得了妙法，是謠言不辯，誣衊不洗，只管自己做事，而順便中，則偶刺之。他們橫豎就要消滅的，然而刺之者，所以偶使不舒服，亦略有報復之意云爾。

按：魯迅此信寫於一九三四年六月廿一日，是致鄭振鐸的。魯迅在這一封信中所說的話，仍然是對「左聯」黨團書記周揚及其一伙的作風而發。凡此種種惡劣行徑，都是屬於周揚一伙的。

二、自己營壘裡的蛀蟲

中國是古國，歷史長了，花樣也多，情形複雜，做人也特別難，我覺得別的國度裏，處世法總是要簡單，所以每個人可以有工夫做些事，在中國，則單是為生活，就要化去生命的幾乎全部。尤其是那些誣陷的方法，真是出人意外，譬如對於我的許多謠言，其實大部分是所謂『文學家』造的，有什麼仇呢？至多不過是文章上的衝突，有些是一向毫無關係，他不過造着好玩，去年他們還稱我為『漢奸』，說我替日本政府做偵探。我罵他時，他們又說我器量小。

單是一些無聊事，就會化去許多力氣。但，敵人是不足懼的，最可怕的是自己營壘裏的蛀蟲，許多事都敗在他們手裏。因此，就有時會使我感到寂寞。但我是還要照先前那樣做事的，雖然現在精力不及先前了，也因學問所限，不能慰青年們的渴望，然而我毫無退縮之意。

按：魯迅此信寫於一九三四年十二月六日，是致蕭軍的。蕭軍又名田軍，本名劉均，遼寧錦州人。著有抗日小說「八月的鄉村」等作品。

魯迅在這一封信中說：「敵人是不足懼的，最可怕的是自己營壘裏的蛀蟲，許多事都敗在他們的手裏。」他所說的「自己營壘裏的蛀蟲」，便是指周揚所領導的「左聯」黨團中的一伙人。

二、談「唱高調」

你說文化團體，都在停滯——無政府狀態中……，一點不錯。議論是有的，但大抵是唱高調，其實唱高調就是官僚主義。我的確常常感到焦煩，但力所能做的，就做，而又常常有「獨戰」的悲哀。不料有些朋友們，却斥責我懶，不做事；他們昂頭天外，評論之後，不知到那裏去了。

來信上說到用我這裏拿去的錢時，覺得刺痛，這是不必要的。我固然不收一個俄國的盧布、日本的金圓，但因出版界上的資格關係，稿費總比青年作家來得容易，裏面並沒有青年作家的稿費那樣的汗水的——用毫不要緊。而且這些小事，萬不可放在心上，否則，人就容易神經衰弱，陷入憂鬱了。

按：魯迅此信寫於一九三四年十二月六日，是致蕭軍的。

魯迅在這一封信中所說的「唱高調」，便是官僚主義。又說：「不料有些朋友們，却斥責我懶，不做事，他們昂頭天外，評論之後，不知到那裏去了。」這些話，便是指周揚所領導的「左聯」黨團份子的作風。

三、「左聯」開始的基礎不大好

義軍的記載看過了，這樣的才可以稱為戰士，真叫我似的弄筆的人慚愧。我覺得文人的性質，是頗不好的，因為他智識思想，都較為複雜，而且處在可以東倒西歪的地位，所以堅定的人是不多的。現在文壇的無政府情形，當然很不好，而且壞於此的恐怕也還有，但我看這情形是不至於長久的。分裂，高談，故作激烈等等，四五年前也曾有這現象，左聯起來，將這壓下去了，但病根未除，又添了新分子，於是現在老病就復發。但空談之類，是談不久，也談不出什麼來的，牠終必被事實的鏡子照出原形，拖出尾巴而去。倘用文章來鬬爭，當然更好，但這種刊物不能出版，所以只好慢慢的用事實來尅服。

其實，左聯開始的基礎就不大好，因為那時沒有現在似的壓迫，所以有些人以為一經加入，就可以稱為前進，而又並無大危險的，不料壓迫來了，就逃走了一批。這還不算壞，有的竟至於反而賣消息去了。人少倒不要緊，只要質地好，而現在連這也做不到。好的也常有，但不是經驗少，就是身體不強健（因為生活大抵是苦的），這於戰鬬是有妨礙的。但是，被壓迫的時候，大抵有這現象，我看是不足悲觀的。

按：魯迅此信寫於一九三四年十二月十日夜，是致蕭軍的。

魯迅在這一封信中，說了實話，他說：「左聯開始時的基礎，就不大好。」須知「左聯」開始，是中共命令創、太兩社停止「圍剿」魯迅，並擁魯迅為「左聯」的領袖。當時，創、太兩社的人雖然聽了共黨的命令，但內心仍然不甚佩服，正是後來他們自己說的，「基本問題並未解決。」而魯迅呢以能應付八方風雨之筆，反擊創、太兩社，而創、太兩社又找他合作組織「左聯」，便認為是自己的勝利。同時，魯迅在當時年齡已大，視創、太兩社的人為少不更事，對他們所提倡的革命文學，尤譏諷備至。「左聯」成立後，雙方的文章都未取消，印單行本時，仍然將這一類的文章收集在裏面。在心理上仍然是有距離的，所以，魯迅說：「左聯一開始基礎就不大好。」後來，周揚等以魯迅接近馮雪峰、胡風等人，自成一系，周揚等所領導的黨團是不容許在黨團之外，還有在內部與黨團對立的人，便開始在暗中鬪魯迅，甚至用小報製造謠言困擾魯迅和攻擊魯迅。

據任白戈談，民國二十三年（一九三四）秋，林伯修和田漢代表文委約任白戈談話，當時，任白戈擔任「左聯」宣傳部長。林和田告訴任白戈說：「發現胡風（當時的「左聯」秘書長）和南京方面有聯繫，要割斷胡風同「左聯」的關係。並由任白戈任左聯秘書長。」（「訪問任白戈」刊「新文學史料」第一輯）此種事，魯迅在「答徐懋庸並關於抗日民族統一戰線問題」一文中也曾說到，把共黨份子的形象，說得活靈活現。他說：「去年有一天，一位名人約我談話了，到得那裏，却見駛來了一輛汽車，從中跳出四條漢子。田漢、周起應（周揚），還有另兩個，一律洋服，態度軒昂，說是特來通知我：胡風乃是內奸，官方派來的。我問憑據，則說是得自轉向以後的穆木天口中。轉向者的言談，到左聯就奉爲聖旨，這眞使我口呆目瞪。……我的回答是：證據薄弱之極，我不相信！」弄得不歡而散，從此，魯迅與周揚的衝突，就日甚一日。魯迅文中所說的「四條漢子」的另兩個，是陽翰笙和夏衍。

一四、所謂文壇鬼魅多得很

所謂文壇，其實也如此（因為文人也是中國人，不見得就和商人之類兩樣），鬼魅多得很，不過這些人，你還沒有遇見。如果遇見，是要提防，不能赤膊的。好在現在已經認識幾個人了，以後關於不知道其底細的人，可以問問葉他們，比較的便當。

按：魯迅此信寫於一九三五年三月十三日夜，是致蕭軍的。魯迅在這一封信中，所說，「所謂文壇」「鬼魅多得很」。意思仍然是指周起應（周揚）那一類人的。信中所說的「葉他們」，這個「葉」是指葉紫。葉紫（一九一三—一九三九）原名余鶴林，湖南益陽人，小說作家。「豐收」短篇集與蕭軍的「八月的鄉村」同收入魯迅所編「奴隸叢書」中。葉當時已是共黨中人，但與魯迅甚好。

一五、從背後來的暗箭

我看中國有許多知識份子，嘴裏用各種學説和道理，來粉飾自己的行為，其實却只顧自己—

個便利和舒服，凡有被他遇見的，都用作生活的材料，一路喫過去，像白蟻一樣，而遺留下來的，却只是一條排洩的糞。社會上這樣的東西一多，社會是要糟的。

我的文章，也許是二心集中比較鋒利，因為後來又有了新經驗，不高興做了。敵人不足懼，最令人寒心的，是友軍中的從背後來的暗箭，受傷之後，同一營壘中的快意的笑臉。因此，倘受了傷，就得躲入深林，自己舐乾，紮好，給誰也不知道。我以為這境遇，是可怕的。我倒沒有什麼灰心，大抵休息一會，就仍然站起來，然而好像終竟也有影響，不但顯於文章上，連自己也覺得近來還是『冷』的時候多了。

按：魯迅此信寫於一九三五年四月廿三日，是致蕭軍的。

魯迅寫這封信的時候，時代背景是：民國二十四年（一九三五）初，田漢、陽翰笙被捕。周揚和夏衍在暗中隱藏，任白戈和楊潮繼續「左聯」的工作。但周揚和夏衍仍在暗中對魯迅放暗箭。魯迅便在這一封信中，把它揭露出來。魯迅反周揚等一派的共產黨人，是很堅決的。

一六、好像見鬼，怕了！

那個雜誌的文章，難做得很，我先前也曾從公意做過文章，但同道中人，却用假名夾雜着真名，印出公開信來罵我，他們還造一個郭冰若的名，令人疑是郭沬若的排錯者。我提出質問，但結果是模模糊糊，不得要領，我真好像見鬼，怕了。後來又遇到相像的事兩回，我的心至今還沒有熱。現在也有人在必要時，說我『好起來了』，但這是謠言，我倒壞了些了。

按：魯迅此信寫於一九三五年四月廿八日，是致蕭軍的。刊「魯迅書簡」頁八〇九——八一〇。

魯迅在這一封信中，直說「左聯」中的文章很難做，他們又造假名攻擊他，他感覺得他們這一羣人好像是鬼，憤慨之情，躍然紙上。

一七、自己深居簡出只令別人出外奔跑

葉君曾以私事約我談過幾次，這回是以公事約我談話了，已連來兩信，尚未復，因為我實在有些不願意出門。我本是常常出門的，不過近來知道了我們的元帥深居簡出，只令別人出外奔跑，所以我也不如只在家裏坐了。記得托爾斯泰的什麼小說說過，小兵打仗，是不想到危險的，但一看見大將面前防彈的鐵板，却就也想到了自己，心跳得不敢上前了。但如元帥以為生命價值，彼此不同，那我也無話可說，只好被打軍棍。消化不良，人總在瘦下去，醫生要我不看書，不寫字，不吸煙——三不主義，如何辦得到呢？

按：魯迅此信寫於一九三五年六月二十八日，是致胡風的。

魯迅在這一封信裡是諷刺「左聯」的指導者，——當然是中共份子周揚，只會下命令叫別人

奔走，而自己倒深居簡出。他是不願聽命的，因而說：「我也不如只在家裏坐了」。這便是一種反抗。

一八、「現在不必進去！」

十一日信收到。三郎的事情，我幾乎可以無須思索，說出我的意見來，是：現在不必進去。最初的事，說起來話長了，不論它；就是近幾年，我覺得還是在外圍的人們裏，出幾個新作家，有一些新鮮的成績，一到裏面去，卽醬在無聊的糾紛中，無聲無息。以我自己而論，總覺得縛了一條鐵索，有一個工頭在背後用鞭子打我，無論我怎樣起勁的做，也是打，而我回頭去問自己的錯處時，他却拱手客氣的說，我做得好極了，他和我感情好極了，今天天氣哈哈哈……。真常常令我手足無措，我不敢對別人說關於我們的話，對於外國人，我避而不談，不得已時，就撒謊。你看這是怎樣的苦境？

我的這意見，從元帥看來，一定是罪狀（但他和我的感情一定仍舊很好的），但我確信我是對的，將來通盤籌算起來，一定還是我的計畫成績好。現在元帥和「懺悔者」們的聯絡加緊（所以他們的話，在我們裏面有大作用），進攻的陣線正在展開，真不知何時才見晴朗。倘使削弱外圍的力量，那是真可以什麼也沒有的。

按：魯迅此信寫於一九三五年九月十二日，是致胡風的。胡風原名張光人，湖北蘄春人。一九三一年「九一八」後加入「左聯」。至民國二十三年（一九三四）胡風任秘書長，魯迅不能經常出席主持常委會，由胡風向魯迅聯繫報告。因而胡風與魯迅的關係較好。

魯迅在這一封信裏，所說的話，都是反周揚的。同時，也反了「左聯」和共黨。關於這一封信，胡適在「中國文藝復興運動」的講演中說到魯迅。他說：

「他要去趕熱鬧，慢慢走上變質的路子。到抗戰時期前幾年，所謂左翼作家同盟組織起來了，那時共產黨儘量歡迎這批作家進去，但共產黨又不放心，因爲共產黨不許文藝作家有創作自由。所以那時候監視他們的人——左翼作家的監視者，就是周起應，現在叫周揚，他就是在上海監視魯迅這批作家的。諸位如果有機會，我希望有一本書在自由中國可以得到，是值得看看的。這本書在抗戰初期出版，是魯迅死後，他的太太把魯迅寫給各朋友的信搜集起來，叫「魯迅書簡集」；這本書裏面幾封信值得看看，特別是他寫給胡風的四封信，其中有一封信就是魯迅死之前不到一年寫的，是一九三五年（他是一九三六年死的），這封信胡風問他三郎（不知是誰，大概是蕭軍）（心皇按：三郎是蕭軍寫作初期的筆名）應該不應該加入黨（共產黨）？他說：『這個問題我可以毫不遲疑的答覆你，不要加入！現在在文藝作家當中，凡是在黨外的都還有一點自由，都還有點創作出來，一到了黨裏去就「醬」在種種小問題爭論裏面，永遠不能創作了，就「醬」死了！』『醬』在裏面去，這個字用得好極了。底下更值得讀了。他說：『至於我呢，說來話長，不必說了吧。』他說：『我總感覺得我鎖在一條鏈子上，鎖在一條鐵鏈上，背後有一個人拿着皮鞭打我，我的工作越努力打的越厲害。』這一段話裏，打他的就是現在大陸搞文藝的周揚——那個時候的周起應。這封信不能不看看。我們要的是沒有人在背後用鞭子打的，不要人監督的，人人要自由，本他的良心，本他的智識，充分用他的材料，用他的自由——創作的自由來創作。」❼所以，魯迅的這一封信，非常出名，因爲魯迅在這裏很露骨的說出他反共黨的理由。

一九、啞子喫黃連

今天要給文學做論壇，明知不配做第二，第三，却仍得替狀元捧場，一面又要顧及第三種人，不能示弱，此所謂「啞子喫黃連」——有苦說不出也。

按：魯迅此信寫於一九三五年九月十二日，是致胡風的。

魯迅在這一封信裏是說的「文學」雜誌，那個雜誌的前面幾頁是「文學論壇」。內容是請作家分別作的短論。魯迅在這裏是說他作的短論，主持的人沒有排到第一，是說他們不尊重他。但又不能不寫。感到受欺負了。

---

❼ 胡適：「中國文藝復興運動」，四十七年五月四日下午三時在中國文藝協會八週年紀念會中講演全文。載「現代中國文學史話」（正中書局出版）。

至於我的先前受人愚弄呢，那自然；但也不是第一次了，不過在他們還未露出原形，他們做事好像還於中國有益的時候，我是出力的。這是我歷來做事的主意，根柢卽在總帳問題。卽使第一次受騙了，第二次也有被騙的可能，我還是做，因為被人偷過一次，也不能疑心世界上全是偷兒，只好仍舊打雜。但自然，得了真贓實據之後，又是一回事了。

那天晚上，他們開了一個會，也來找我，是對付黃先生的，這時我才看出了資本家及其幫閒們的原形，那專橫，卑劣和小氣，竟大出於我的意料之外，我自己想，雖然許多人都說我多疑，冷酷，然而我的推測人，實在太傾於好的方面了，他們自己表現出來時，還要壞得遠。

按：魯迅此信寫於一九三五年十月四日，是致蕭軍的。

魯迅在這一封信中，所說的「是對付黃先生的」，就是對付黃源的。關於黃源的問題，徐懋庸給魯迅的信中說：「以黃源行爲之諂，……」魯迅在「答徐懋庸並關於抗日民族統一戰線問題」中說：「至於黃源，我以爲是一個向上的認眞的譯述者，有譯文這切實的雜誌和別的幾種譯書爲證。……難道譯文存在礙眼？……」可見周揚等人對黃源是採攻擊態度的。後來，一直發展到生活書店要求撤換「譯文」編輯黃源（「譯文」在生活書店出版）。馮雪峰在「有關一九三六年周揚等人的行動以及魯迅提出『民族革命戰爭的大衆文學』口號的經過」裡說到此事，他說：

二〇、資本家及其幫閒們的原形

「魯迅當時談話中，表示他最不滿茅盾等人的，是生活書店要求撤換『譯文』編輯黃源，事前沒有同魯迅商量，而用魯迅認爲『吃講茶』的方式，『要挾』魯迅的一件事。他說：

『他們布置好了局勢。所以我也就筷子一放，一言不發地走了。其實茅盾是左聯中人，又是『譯文』的主持人之一，『譯文』不是我的私產，黃源也不是我的私人，我們自己先商量好改換一個人，豈不很容易！』又說：『我爲了譯文能夠出下去，生活書店條件怎樣苛刻，我也接受了，而還要……』」(注：生活書店是當時爲共黨運用的書店)。

由此，可知，黃源與魯迅關係密切，而「左聯」黨團中人想把黃源去掉，以孤立魯迅。

魯迅當然不能忍受，要口誅筆伐了。

二、大寫口號理論家

我並不覺得你淺薄和無學。這要看地位和年齡。並非青年，或雖青年而以指導者自居，却所知甚少，這才謂之淺薄或無學。若是還在學習途中的青年，是不當受這苛論的。我說句老實話罷：我所遇見的隨便談談的青年，我很少失望過，但嘩啦嘩啦大寫口號理論的作家，我却覺得他大抵是呆鳥。

按：魯迅此信寫於一九三五年十月十五日夜，是致曹白的。曹白，原名劉平若，山西人。一九三三年在杭州藝術專科學校上學。

魯迅寫這一封信，所說的「嘩啦嘩啦大寫口號理論的作家，我却覺得大抵是呆鳥。」便是指周揚等「左聯」黨團的人！由此可知魯迅是如何的瞧不起他們。

二二、他爲什麼還不回罵呢？

對於「題未定艸」，所論極是，世上實有被打嘴巴而反高興的人，所以無法可想。我這裏也偶有人寄罵我的文章來，久不答，他便焦急的問人道：他為什麼還不回罵呢？蓋「名利雙收」之法，頗有多種。不過雖有弊，却亦有利，此類英雄，被罵之後，於他有益，但於讀者也有益＝於他又有損，因為氣燄究竟要衰一點，而有些讀者，也因此看見那狐狸尾巴也。

按：魯迅此信寫於一九三五年十二月四日夜，是致王野秋的。王野秋又署王冶秋，安徽霍丘人。未名社社員。

魯迅的這一封信，除了諷刺「左聯」黨團份子所發動罵魯迅之無聊。也說明了當時，有些人竟以挨魯迅的罵，到處招搖撞騙。逢人便說：「魯迅曾罵過我！」由此看來，可知魯迅在「五四」運動後偶像地位已成。所以，共黨要用「左聯」的組織圈住他，利用他。但，他基本上是自由主義者，不能受共黨的控制，而「左聯」的黨團又非控制他不可。他便起而反抗。

這便是魯迅與周揚等不能相容的基本原因。

二三、個個想做「工頭」

三月三十日信已收到；先前的兩封，也收到的，開初未覆，是因為忙。我在這裏，有些英雄責我不做事，而我實日日譯作不息，幾乎無生人之樂，但還要受許多閒氣，有時真令人憤怒，想什麼也不做，因為不做事，責備也就沒有了。到三月初，為了疲乏和受寒，驟然氣喘，我以為要死了，倒也坦然，但終經醫師注射，逐漸安靜，臥床多日，漸漸起來，而一面又得漸漸的譯作；現在可說已經大略全愈，但做一點事，就覺得困乏，此病能否不再發，也說不定的。

我們×××裏，我覺得實做的少，監督的太多，個個想做「工頭」，所以苦工就更加喫苦。現此翼已經解散，別組什麼協會之類，我是決不進去了。但一向做下來的事，自然還是要做的。

按：魯迅此信寫於一九三六年四月五日夜，是致王野秋的。

魯迅這一封信，說的比較露骨，「左聯」組織裏，實做的少，監督的多，個個想做「工頭」，所以苦工就更加吃苦。這眞是說出了「左聯」組織的毛病，也說出了共黨組織的毛病。共黨一類的組織，向來是層層監督，個個監督的，個人在裏面是毫無自由可言的。魯迅這種人怎能受得了這個？

二四、魯迅說：「他們是空殼」、及魯迅對周揚等底「臨時文總」鬭爭之實況

四月十一日的信，早收到了。年年想休息一下，而公事，私事，閒氣之類，有增無減，不遑安息，不遑看書，弄得信也没工夫寫。病總算是好了，但總是没氣力，或者氣力不够應付雜事；記性也壞起來。英雄們却不絕的來打擊。近日這裏在開作家協會，喊國防文學，我鑑於前車，没有加入，而英雄們卽認此為破壞國家大計，甚至在集會上宣布我的罪狀。我其實也真的可以什麽也不做了，不做倒無罪。然而中國究竟也不是他們的，我也要住住，所以近來已作二文反擊，他們是空殼，大約不久就要消聲匿跡的；這一流人，先前已經出了不少。

按：魯迅此信寫於一九三六年五月四日夜，是致王野秋的。魯迅這一封信，是說周揚等人，在「作家協會」上攻擊他，他已反擊。並說明「他們（指周揚等人）是空殼，大約不久就要消聲匿跡的。」果然，魯迅死後，他們的「作家協會」也消聲匿跡了。

關於魯迅和周揚等人的鬭爭情形。馮雪峰在「有關一九三六年周揚等人的行動以及魯迅提出『民族革命戰爭的大衆文學』口號的經過」一文中，說的很明白，他首先說明他到上海的經過道：

(一) 馮雪峰到上海的經過

「一九三六年四月二十日左右，共黨中央從陝北瓦窰堡派遣我到上海去工作，中央給的任務是四個：1.在上海設法建立一個電台，把所能得到的情報較快地報告中央。❽ 2.同上海各界救亡運動的領袖沈鈞儒等取得聯系，向他們傳達毛××和黨中央的抗日民族統一戰線政策，並同他們建立關係❾。3.了解和尋覓上海地下黨組織，取得聯系，替中央將另派到上海去做黨組織工作的同志先作一些準備❿。4.對文藝界工作也附帶管一管，首先是傳達毛××和黨中央的抗日民族統一戰線政策⓫。

「這四個任務中，當時黨中央指示說，前兩個是主要的。我記得第一個任務是周××(恩來)親自交給我的，並交給了我密碼，約定我用「李允生」這名字，給了兩千元經費。××(恩

❽ 這是中共在民國二十五年(一九三六)四月，派馮雪峰設電台，向延安報情報的任務。

❾ 上海各界救亡運動，本為共黨所發動。馮雪峰與他們接頭後，即在民國二十五年(一九三六)五月，沈鈞儒等即響應中共的抗日民族統一戰線的口號，在上海成立「全國各界救國聯合會」，要求政府停止剿共，建立抗日政權等主張，完全是根據中共的要求提出的。沈鈞儒等愈宣傳愈起勁，極力反對政府「安內攘外」的政策。到十一月，政府逮捕了沈鈞儒、鄒韜奮、李公樸、沙千里、史良、章乃器、王造時等七人。報紙稱為「七君子事件」。中共地下組織在各地發動營救運動，擴大宣傳，報紙並發表七人在監獄中的「起居注」，引起全國人的注意。七七事變後，政府領導抗戰，才把沈等釋放。

❿ 二十四年(一九三五)，中共上海的組織被破壞，未被逮捕的人，亦與中共中央失去聯系，到此時，中共中央想在上海重新建立工作，故馮雪峰有此項任務。

⓫ 這是中共指揮上海文藝界的一種證明。

來）並派人護送我到與張學良部隊交界處，同張軍中接上關係⓬。第二個及第三、四個任務是洛甫（張聞天）交給我的。行前，洛甫曾幾次囑咐我說：『到上海後，務必先找魯迅、茅盾等，了解一些情況後，再找黨員和地下組織。派你先去上海，就因爲同魯迅等熟識。』⓭我大約在四月二十五日左右到上海，當晚住在一個小客棧裏——這是事前已有聯繫的一個姓徐的同志所布置的，這個姓徐的同志（我忘記他的名字了）是原來做情報工作、屬於情報系統方面的，當時隱蔽在上海，——第二天下午我就找到了魯迅，並從小客棧移住到魯迅家，在他家大概住了二個多星期，卽經魯迅同周建人商量，由周建人出名租了一幢房子，我卽同周建人同住。

「我大概在第三天或第四天去見了茅盾。也大概在一星期之內見到了沈鈞儒等人。同時也約在一星期之內見到了宋慶齡先生。在魯迅家同史沬特萊見面，記得也在一星期之內。最早見到的黨員是何穀天（周文），其次是王學文，大約都在我到上海一星期之內。他們兩人從見到時起就幫助我工作。找到鄧潔和和其他黨員，是較遲一點。」

（馮雪峰這個材料在文化大革命中被人廣爲傳抄，這裏發表的是作者在一九七二年親筆修訂

⓬ 當時，張學良以剿匪副司令的身份率東北軍，將陝北、延安包圍。馮雪峰從延安出發到上海，特別與張軍接上關係。可見張學良的在陝北剿匪，是陽奉陰違的，由馮雪峰的通過張學良軍隊的防區，可以證明。張學良既與中共有默契，到民國廿五年（一九三六）的十二月十二日發動了「西安事變」，刼持領袖蔣委員長一事，便是張學良的預謀了。

⓭ 馮的此話，證明中共利用魯迅的心甚切。

過的。——「新文學史料」編者所註。）

馮雪峰對周揚運用各種方法對付魯迅，魯迅積極反抗的情形，曾有較詳盡的敍述。他說：

（二）魯迅當時的「處境」和他對周揚等人的憤慨

「這裏說的當時，卽指我到上海前後的時候。『處境』，是根據我所理解的。『憤慨』，是指魯迅談話中所表示的。

一九三六年四月廿五日前後，我到上海後第二天下午找到魯迅家去，魯迅不在家（同許廣平去看電影了），他家一個老保姆還認識我，卽招待我到魯迅臥室兼工作室的二樓去，魯迅回來時已近黃昏，他在樓下已從老保姆口中知道我在樓上，他上樓來時，我十分興奮地迎上去同他握手，他一面不習慣地同我握手（魯迅不大習慣握手），一面悄然地說：『這兩年我給他們擺布得可以！』

「他說的這第一句話，完全出乎我當時的意料之外，我永遠都會記得這句話和他說話時的神情。

「這『他們』是指周揚等人，我却當時就懂得，因爲我一九三三年離開上海時，周揚等人同魯迅已經對立，我是知道的。

「（魯迅這第一句話，我在一九五一—五二年間寫《回憶魯迅》時，沒有照原話寫，改寫爲這樣一句話了：『這兩年的事情，慢慢告訴你罷。』）

「當晚同他談話到夜非常深的時候，最初是我說的多，我把紅軍長征經過以及毛××提出的抗日民族統一戰線等，都照我所知道又所理解的告訴他了。他聽得很興奮，很認眞⑭。後來談到上海當時文藝界情況，他神情就顯得有些憤激；他當晚說的許多話大半已經記得不大清楚，其中我留下印象最深的是兩句話，一句是『我成爲破壞國家大計的人了』，另一句是『我眞想休息休息』。

「但我記得第二天他精神比頭一個晚上就要好得多，九點後已經起來（他平日在晚上工作，一般總在上午十點左右起床），銜着紙煙上三樓來看我是否已經起來。我剛醒來，他就留在三樓，又開始談話，告訴了我上海方面的一些事情。在我住在他家二個多星期中間，我從他同我多次談話裏所直接聽到而有重要關係的，歸納起來有如下幾點：

「1.魯迅對於周揚、夏衍、田漢等人的不滿和憎惡：

「魯迅說過，照他看來，周揚等人只是空談，唱高調，發命令，不對敵人認眞作戰，並且還

---

⑭ 關於紅軍的兩萬五千里逃亡，馮雪峰說，魯迅聽得很興奮很認眞，應當存疑，那有什麼可興奮可認眞的？關於民族抗日統一戰線的問題，魯迅可能認同；因爲當時日寇對付中國的態度，實在已到忍無可忍的程度，只要是抗日的口號，一般人都會認同的。當時的政府爲了準備抗日，不得不先對日應付，以拖延時間，又不能公開的說明，因而導致民衆認爲政府不抗日，懷疑起來，遂被中共的宣傳所乘，以致影響了政府的聲望。

扼殺不同伙的人的革命力量⑮。魯迅說過，照他看來，這些人大抵都是借『革命』以營私的青年，是革命營壘裏的蛀蟲，許多事情都敗在他們手裏；『左聯』早已布不成一條戰線，雖然名義還存在，而他也還每月拿錢給他們⑯。魯迅說過，周揚他們以『革命』大旗做虎皮，自命『指導家』，故作激烈，嚇唬別人，打擊不同意見者；他們只長於『內戰』，分裂戰線，對敵人却心平氣和，並且有意『取悅』於敵人，同敵人及其叭兒狗們反而常常聯成一起，——他認爲，他們同那些造謠汚蔑的小報是有聯繫的。魯迅也說過，周揚是一個喜弄權術、心術不正，氣量又狹窄得很像白衣秀士王倫式的人。魯迅又說：周揚『同我見面時却一副虛僞的面孔，說他同我感情很好，我可不知道他那時心裏想的是什麼。』魯迅說，夏衍表面上是一個上海紳士，笑嘻嘻，其實詭計多端，是站在背後的軍師。他說田漢是一條糊塗蟲，浪漫蒂克，敵我不分，所以一被捕卽投敵，在南京大演其戲，是毫不爲奇的。

---

⑮ 魯迅以這兩句話攻擊周揚一夥，是他自己先站穩脚步，好對周揚一夥進攻。魯迅老於世故，他對中共份子已由憤慨而厭惡，但他如何戰勝他們？他採取的是對延安剛派來的人訴苦，爭取同情想藉中共的力量除掉周揚一夥。魯迅慣於用此種方法，鄭學稼先生說魯迅的這一方法是罵太監不罵皇帝的辦法。

⑯ 我在「魯迅究竟拿了誰底錢？」一文裏，說新月派造魯迅的謠說他拿了盧布，魯迅據以回罵很久而且得讀者同情。因爲他沒有拿盧布，他拿的是國民黨政府的錢（當時國民黨是以黨治國的，故說國民政府是國民黨政府。）而且用國民黨的錢去養「左聯」。馮雪峰轉述魯迅向他說的話：「他還每月拿錢給他們。」他們就是指周揚一夥。

「魯迅還說過，周揚等人還指責魯迅『懶』，工作得不够起勁。魯迅說『他們個個是工頭，我有時簡直覺得像一個戴了脚鐐的苦工，不管做得怎樣起勁，總覺得背後有鞭子在抽來。』

「魯迅說過，他有時確實曾感到『獨戰』之苦。又說：『有時甚至使我多疑的毛病又起來了，想到要提防同營壘中人設置的圈套和陷阱。』

「魯迅在談話中表示最憤慨和憎惡的，是所謂『戰友』從背後給他的暗箭。他擧了田漢化名爲『紹伯』在國民黨方面的報紙《大晚報》上攻擊他的一件事爲例，說道：『這用心是毒的。這樣一來，魯迅一文不值了！剛剛斥責了楊邨人，現在又同楊邨人調和了，並且爲他打場鑼鼓了。其實，他們倒是同楊邨人站在一道的，他們有一個字斥責過楊邨人沒有？他們這種擧動就是取悅於楊邨人，也取悅於國民黨。所以，我在答《戲》周刊編者信裏，就明白宣布我對田漢等人的憎惡超過了明顯的敵人』。

（注：魯迅這裏談到他批判叛徒楊邨人的文章，載《魯迅全集》第四卷《南腔北調集》中。又，田漢化名「紹伯」攻擊魯迅的文章，魯迅也把它收在《且介亭雜文》附記裏，見《魯迅全集》第六卷。）

「魯迅在談到這件事時，也提到夏衍（沈端先）看到魯迅答《戲》周刊編者信時的態度，憤慨地說道：『沈端先看到了，快意得大笑，說是「這老頭子又發牢騷了」，我是認眞的，而他以爲是可笑，你看可惡不可惡！』（注：這件事，魯迅在《且介亭雜文附記》裏也有提到。）

「魯迅說：『就是這樣一羣「戰友」！一羣「指導家」！……』這樣的話，魯迅不止說過一次；說的時候，有時皺着眉頭，流露出深惡痛絕的神情，有時又流露輕蔑的態度，並繼以哄笑。

「2.魯迅對周揚等人最憤慨的，是周揚等人因魯迅不贊成『國防文學』的口號並拒絕在『文藝家協會』發起人中簽名就攻擊魯迅爲「破壞統一戰線」，爲「托派」等等。

「一九三六年初周揚等人解散左聯，是經茅盾向魯迅徵求過意見，魯迅也表示同意的。但魯迅在談話中流露出他仍有意見，認爲這樣輕易地解散了是可惜的。他說過這樣意思的話：『他們爲什麼這樣做我全不知道。茅盾是來對我說過的，算是來通知我吧，其實他們早已決定了。……左聯也其實早已有名無實，早已在無形消散的狀態中。』又說過：『左聯後來搞成這個樣子，現在又解散，其實是可惜的。』⑰

「對於當時剛成立的「文藝家協會」，魯迅說：『你看那裏面是些什麼人吧，那不是戰鬥的

---

⑰ 魯迅不同意解散「左聯」，是對他的沒有實權的領袖地位的不願放棄。他怎麼能知道中共在搞「革命文學」時，需要他捧場，故命令創、太兩社停止圍剿，並奉他爲領袖，而組織「左聯」。那時是中共對國民政府採取暴動造反等硬幹手段，所以需要「革命文學」爲他們鼓吹。到民國廿五年(1936)前後，中共逃出江西瑞金老巢，到了陝北，僅餘三萬多人，他們爲了生存，把硬幹改爲軟功，要組織「民族抗日統一戰線」。卽所謂統戰，不惜投降國民政府，在暗中謀求發展。魯迅書生之見，還想保有「左聯」，還想保有那被統戰時所封贈的「領袖」那怎麼可能呢？魯迅與中共份子混了六年之久，竟不知道中共統戰的極端陰謀性。可見魯迅的「世故」，是屬於書生型，對中共份子是應付不了的。最後，只有把暗鬥化爲明爭了。

團體！我是決不加入的。』

（我同茅盾見面之後，曾幾次同魯迅談到，請他加入，或者簽一個名也可以，魯迅都堅決不同意。）⑱

「魯迅認爲周揚等人早已經要放棄革命文學的主張，急於要同敵人和形形式式的叛徒叭兒狗們『聯合』了⑲。

「他說：『國防文學，不過是一塊討好敵人的招牌罷了，眞正抗日救國的作品是不會有的。』

「他又說：『還提出「漢奸文學」，這是用來對付不同派的人的，如對付我。你等着看吧。』

「我到上海的時候，因爲魯迅不支持『國防文學』主張，並且拒絕在『文藝家協會』發起人中簽名，周揚等人已經在文藝界中進行『謠言運動』，說魯迅『破壞統一戰線』。

「魯迅說：『我曾經幾次被人指爲「漢奸」，去年小報上又說我將「投降南京」。現在，他們（指周揚等）又說我「破壞國家大計」，要將我推到「托派」去！』魯迅說這句話時是很憤激

---

⑱ 周揚等所發起的「文藝家協會」，請魯迅加入，或者簽一個名也可以，魯迅都堅決不同意。魯迅如此對於「文藝家協會」，是可以理解的。一是他要堅決反對周揚等一夥。一是他已了解中共利用他了，例如「左聯」，利用他時奉爲領袖，不用時立即取消「左聯」，並未事先和他商量，是周揚等一夥先決定了才告訴他的。他已經怕了，不再上當了。

⑲ 這「聯合」是陰謀，即所謂「既聯合又鬪爭」。是要吃掉被聯合者的陰險辦法。魯迅居然批評這種「聯合」，使人慨嘆一個自由主義者的天眞，不能了解共黨的陰謀。

的。

「3.當時茅盾以及生活書店等對魯迅的態度也不好：

「當時茅盾同魯迅的關係表面上是好的。但魯迅談話中幾次提到茅盾，說：『近年來，茅盾對我也疏遠起來了。他沒有搬家前，我們同住在一個里弄，有的事當面一談就可以解決，可就不當面商量』⑳魯迅又說過這樣的話：『凡有外國人要見中國作家，我總是推薦茅盾去，請他代表中國左翼作家。』魯迅當時談話中表示他最不滿茅盾等人的，是生活書店要求撤換《譯文》編輯黃源（《譯文》原在生活書店出版），事前沒有同魯迅商量，而用魯迅認爲「吃講茶」的方式

---

⑳ 茅盾在「需要澄清一些事實」（刊「新文學史料」第二輯）一文中說：「胡風之爲暗藏的反革命分子，當時眞個沒有人指出過麼？事實並不如此。魯迅〈答徐懋庸〉信中，已經說，大約一年前（按〈答徐懋庸〉寫於一九三六年八月），「四條漢子」約魯迅在內由書店談話時，就告訴魯迅，胡風是國民黨派來的，消息來源是被捕自首後釋放出來的穆木天。魯迅因其出於自首者之口，斷然不信，曾未冷靜地仔細觀察胡風的言行。我也是看到〈答徐懋庸〉，才知道「四條漢子」在一年前曾就胡風之爲潛伏的反革命分子向魯迅提出警告。在此一年中，魯迅並沒有對我談起「四條漢子」提出過對胡風的身份的懷疑。而且，我直到看見馮雪峰六六年所寫材料中說，『魯迅幾次提到，近年來，茅盾對我也疏遠起來了』，這才想起『疏遠』的根源是在一九三五年下半年我也對魯迅說過，胡風形踪可疑，與國民黨有關係，而且告訴魯迅，這消息是從陳望道、鄭振鐸方面來的，他們又是從他們在南京的熟人方面聽來的。但是魯迅當時聽了我的話，臉色一變，就顧左右而言它。從此以後，我就無法與魯迅深談了，卽魯迅所謂對他『疏遠』了。我眞不理解，胡風何以有這樣的魅力，竟使魯迅聽不進一句講胡風可疑的話。我以爲造成魯迅如此信任胡風，馮雪峰實在起了很大的作用。」

按：胡風在四人幫倒臺之後，也恢復了名譽，足證胡風「反革命分子」是不確的了。

「要挾」魯迅的一件事。他說：『他們請我去吃飯，我去了，剛坐下，就提出撤換黃源問題。我看這是「吃講茶」，他們布置好了局勢。所以我也就筷子一放，一言不發地走了。其實茅盾是左聯中人，又是《譯文》的主持人之一，《譯文》不是我的私產，黃源也不是我的私人，我們自己先商量好改換一個人，豈不很容易！』又說：『我為了《譯文》能夠出下去，生活書店條件怎樣苛刻，我也接受了，而還要……』（注：生活書店是當時進步的書店。）㉑

「以上就是魯迅談話中所表示的主要的幾點，足以知道他對周揚等人的憤慨以及使他憤慨的事實，同時也足以說明魯迅當時在左翼文藝界內部的「處境」㉒。

「我再提到兩件事：

「一是史沫特萊在我到上海後幾天就在魯迅家同我會見，她帶了翻譯來同我在魯迅家三樓談了兩個下午，談抗日民族統一戰線政策等等，更多的是談紅軍長征的經過，這是她要求的。也曾談到魯迅，她語言間流露——魯迅確實脾氣不好，沒有茅盾好，茅盾是開會等等都能到，等等，——我當時很不以她的話為然，說道：『茅盾怎麼能同魯迅比呢？茅盾本來是左聯負責人，這些

㉑ 茅盾在「需要澄清一些事實」一文中說：「至於生活書店對魯迅態度不好，馮雪峰的說明中還牽涉到胡愈之，說胡愈之，我，生活書店，在〈譯文〉編輯人問題上，對魯迅採取了「吃講茶」的方式。」「關於〈譯文〉的糾紛，我在這裏也不多說，留待與此事有關的人們來澄清。」

㉒ 茅盾在這裏不願多說，便是默認了。實際情況，當時，黃源不是周揚等一夥的，他們要排斥他。魯迅當時在左翼文藝界內部的「處境」，周揚等一夥要整他，他就起而反抗。

事情本應該他去做，却不應該讓魯迅去奔走。魯迅是不便做這些事情的；他不是別的作家可比，他的存在，是一個偉大的力量！』史沫特萊聽了我的話，馬上滾下淚來，並且低泣了一兩分鐘，意思是表示她對魯迅的看法錯了。史沫特萊是很熱情的人，對魯迅的感情尤其深。一九三六年五月底，魯迅病重，就是由她和宋慶齡先生竭力設法請一個當時在上海被認爲最好的美國肺病專科醫生來給魯迅診斷的。她對左聯幫助也不少，也知道一些左聯內部的事情。從她談起的話中，也可以體會到當時左翼文學界中某些人對魯迅是不够尊重的。史沫特萊對魯迅的原來的那種看法，也受了周揚、夏衍等人的影響，她幫助左翼文學運動，同周揚、夏衍等是經常有接觸的㉓。

「二是楊之華在全國解放後曾對我說起過，一九三四——一九三五年之間，她曾到魯迅那裏去，要魯迅在一個文件上面簽一個名，魯迅起初不肯簽，很生氣地提起周揚等人，並說過『像這樣的黨員，你們爲什麼不清出去』這樣意思的話。這也可以向楊之華調查。」㉔

馮雪峰對魯迅反對周揚等人的具體事實，——就是魯迅提出「民族革命戰爭的大衆文學」的口號，以及兩個口號在論爭時，魯迅發表幾篇文章的經過。他說：

㉓ 從這一段說明中，可以知道：魯迅在「左聯」的分量，從共黨的上級人員看來是重要的。同時，更證明宋慶齡是在幫「左聯」的忙。

㉔ 這一段說明，更證明，魯迅對周揚等人的痛恨。竟想利用共黨打擊他了。魯迅當時是採用以毒攻毒的方法，可惜未奏效。

(三)魯迅提出『民族革命戰爭的大衆文學』口號以及在兩個口號論爭中魯迅發表幾篇文章的經過

「1.『民族革命戰爭的大衆文學』口號最初提出時的情況：

「這口號最初提出時，確實是有當時尚未發覺的暗藏反革命分子胡風㉕插進來過的。在當

㉕所謂「暗藏反革命分子胡風」，是一個大冤案大文字獄。像馮雪峰與胡風很密切，明知他是冤案，也不敢不說他是暗藏的反革命分子。在三十年代，魯迅曾反駁周揚等四條漢子說胡風是反革命分子，並在答徐懋庸的信中把它揭穿。茅盾在二十四年（一九三五）下半年時，亦曾向魯迅說過，胡風形跡可疑，茅盾說：「魯迅當時聽了我的話，臉色一變，就顧左右而言它。從此以後，我就無法與魯迅深談了。」可知魯迅是對胡風有了解，深信不疑的。後來，魯迅已死，無人替他作擋箭牌。終於被打成反革命分子。直到六十九年（一九八〇）才獲得平反。足證魯迅老於世故，有眼光。而共黨份子的隨便誣陷人，是不容易相處的。有關胡風的冤案和文字獄以及平反的經過列於本篇之後。當大陸陷共時，文藝方面，仍是周揚當權。魯迅周圍的作家，大都遭到整肅清算的命運。到四人幫當權時，馮雪峰撰寫這一篇資料，胡風正被定爲反革命分子，所以，他一開始便說「暗藏反革命分子胡風」云云。馮雪峰撰寫這一份資料，旨在攻擊周揚。茅盾在「需要澄清一些事實」中，已經說到這一點。他說：「最後，我們應當硏究，這一份傳抄的六六年馮雪峰寫的材料是不是眞的。這件事必須求個水落石出。按傳抄的本子，末尾有這樣一段：『注：以上材料是馮雪峰在文化大革命初期寫的。我們這次找馮雪峰談話，有關兩個口號爭論問題，他基本上是按這份材料的內容寫的，但馮自已沒有這份材料，人民文學出版社一時也找不到這份曾經大量印發的材料。現在所抄的是從北京魯迅博物館的同志手裏借來的，文中一些明顯的錯字漏字之處，都未作改正。至於與馮談話中在這份材料之外的一些材料，則另有一份記錄可參閱。一九七二年十一月五日。』「從這個『注』中可以看出，㈠一九七二年十一月間有幾個人訪問馮雪峰談了兩個口號問題；㈡當時魯迅博物館存有馮寫的這份材料，借給這幾個人抄了去。現

時，胡風同魯迅來往確實密切，魯迅也確實是信任胡風的。我在一九三三年離開上海前也已經同胡風來往密切，也從未懷疑過他。這次我到上海後第二天下午找魯迅時曾先到內山書店去看探情況，被內山完造看見，他告訴我魯迅還住在原地方。就在我到魯迅家後不久，胡風到內山書店去，從內山完造那裏知道我已到上海並到魯迅家，他卽到魯迅家來找，但被魯迅家老保姆回絕了，說沒有這個人，我當時在二樓也曾聽到過樓下的聲音。第二天下午，胡風又到魯迅家；我當時在三樓，是魯迅先上三樓來對我說：『有張谷非（胡風本名）這麼一個人，想要見你，你看怎樣。』我說：『好，我同他本來熟識。』我卽下去引他上三樓談話。胡風談了不少當時文藝界情況，談到周揚等的更多。他當時是同周揚對立得很厲害的。（關於我同胡風的關係，我過去作過檢討，這裏從略。）於是談到『國防文學』口號，胡風說，很多人不贊成，魯迅也反對。我說，魯

（續前）在要弄清楚，這幾個人是什麼人，他們找馮談話，是用的什麼機關的名義？只要大家實事求是，認眞去調查，我以爲是可以弄清楚的。同時，我想加一點推論：這份材料的末尾署有「馮雪峰一九六六年八月十日」字樣，是文化大革命初期，也卽「四人幫」捏造「三十年代文藝黑線專政」陷害大批革命作家的時期，因其投合「四人幫」的陰謀，所以「曾經大量印發」。但何以又拉上「人民文學出版社一時也找不到這份曾經大量印發的材料」呢？因爲馮雪峰掛名爲人民文學出版社的編輯，直到他逝世。可想當時那幾個人是在人民文學出版社找馮雪峰談話的。」

從以上茅盾的說法看來，馮雪峰的這一份資料，茅盾竟懷疑「是不是眞的？」按這資料中所記的事實，決非捏造。馮雪峰亦藉此一機會整周揚，周揚整那麼多人，如今，四人幫亦要整他。眞是所謂「整人者人恒整之」了。

迅反對，我已知道，這個口號沒有階級立場，可以再提一個有明白立場的左翼文學的口號。胡風說，『一二八』時瞿秋白和你（指我）都寫過文章，提過民族革命戰爭文學，可否就提『民族革命戰爭文學』。我說，無需從『一二八』時找根據，那時寫的文章都有錯誤。現在應該根據毛××提出的抗日民族統一戰線政策的精神來提。接着，我又說『民族革命戰爭』這名詞已經有階級立場，如果再加『大衆文學』，則立場就更加鮮明；這可以作爲左翼作家的創作口號提出。胡風表示同意，却認爲字句太長一點。我們和他當卽到二樓同魯迅商量，魯迅認爲新提出一個左翼作家的口號應該的，並說『大衆』兩字很必要，作爲口號也不算太長，長一點也沒什麼㉖。

「這樣，這口號的最後的決定者是魯迅，也就是說，這口號是魯迅提出來的。

「但我當時是有嚴重錯誤的，就是，沒有把提出一個口號看成是一個重大的問題，因而既沒有向黨中央請示，也不曾同魯迅商量，請他用他的名義提出。

「同時也由於我當時對『國防文學』口號的錯誤也認識不足，反對它的態度也不堅決。

「於是，胡風臨走時就說，他去寫一篇文章提出去，魯迅表示同意，我也同意。

「這樣，既沒有用魯迅名義提出，也不是用黨的名義提出（我因爲沒有請示過中央，當時就對胡風說過不能用黨的名義，後來我也從來沒有說過這是黨提出的口號一類的話），而胡風寫了

㉖「民族革命戰爭的大衆文學」，是馮雪峰與胡風根據魯迅的意思，想起的口號，又經魯迅同意。主要的是反周揚等人所提出的「國防文學」口號。

有關這口號的第一篇文章，胡風自己和別人就都可以看成這口號是由胡風提出的了㉗。

「2.兩個口號論爭的引起以及魯迅發表《答托洛斯基派的信》和《論現在我們的文學運動》的經過：

「胡風回去之後，文章還沒有發表之前，文藝界已經引起關於新口號的紛紛議論。因爲胡風回去後，他自己和他周圍的人已經把新口號宣傳出去了。有的說是陝北來人某某提出了新口號；有的說，胡風提出了新口號是經過陝北來人批准的；也有的說，胡風提出的口號是請示過魯迅的，不一而足。

「我到上海後第三天或第四天就到茅盾家去見到了茅盾。談的話很多，除關於抗日民族統一戰線政策及請他告訴我一些當時上海各方面情況外，有關當時上海文藝界情況也談得不少，從中也談到了魯迅爲《譯文》問題同生活書店以及一些人（包括茅盾自己）弄得相當『僵』的那件事。也談到了周揚和胡風。對周揚，茅盾沒有說什麼；對胡風，茅盾很不滿。談到了當時正在成立的『文藝家協會』，他認爲如果魯迅能加入，當然最好；但如暫時不加入，也用不到太着急，總不能勉强魯迅，云云。當天沒有談到新口號問題，也沒有談到『國防文學』口號。

「二月底，胡風文章一登出，六月初反駁胡風文章的和贊成新口號的兩方面的文章就都登了

㉗　這個口號，用胡風的名義提出，正好給周揚等人攻擊的口實。以爲是胡風提出的反「國防文學」的口號。

出來，所謂兩個口號論爭就從這時候開始。

「魯迅則從五月中旬起開始生病，到五月底病已很重，到七月初旬才開始好轉。同時，在這五、六月間，誣蔑魯迅『反對統一戰線』的流言蜚語却不但沒有停止，反而更盛起來，甚至把魯迅同托派相提並論。這些謠言都是從文藝界散布出來的。在公開的論爭文章中則用『左的宗派主義』，『不理解基本政策』等詞句和暗示的方法指責魯迅。在『文藝家協會』會議上，竟有公開指責魯迅『阻礙統一戰線』的言論。公開文章上許多反對胡風的話，實際上也有不少是針對魯迅的。

「我到上海一個多月之間，主要的是忙於黨中央交給我的兩個主要任務，特別是忙於同救亡界幾個領袖的往來以及當時各派、各方面來找關係又取得聯繫等事情上。對於文藝界，雖然我已經揷進去，但時間不够，不能多接觸，有些事情我確實不了解，我缺少調查研究。到六月初，文藝界不團結的現象越來越嚴重的時候，我對於文藝界問題感到了困難。我當時以爲以左翼作家爲中心的文藝界的任務，首先是在擁護抗日民族統一戰線政策之下廣泛地團結起來。文藝界本來已經不很團結，兩個口號論爭一起來，對立的現象還更厲害了。而魯迅又在病中。

「我當時（六月初）採取的步驟是：通過王學文同志，也通過茅盾，要周揚等站在黨中央毛的政策立場上來，首先要停止攻擊魯迅，不能再說魯迅『反對統一戰線』之類的話。（我到上海後不久卽找周揚，遭他拒絕會見，在下面敍述。）

「第二，我覺得胡風的態度和活動，也很妨碍團結。我要胡風不要再寫文章。這一點胡風倒做到了，在整個論爭中他只寫過最初一篇文章，以後就沒有再寫。

「第三，我當時在自己主觀認識上，以爲在文學主張上貫徹無產階級立場，也可以從正確解釋『國防文學』口號中去同時達到，所以提出了兩個口號並用的意見。

『第四，魯迅雖然重病在床上，我想同他商量發表一個談話之類的文件，』正面表示他擁護『抗日民族統一戰線』政策的態度。

當時我是照這步驟做的。

「現在我把魯迅這時發表兩篇文章的經過敍述一下。

「就在六月初旬的一天下午，我抱着這樣的目的去看魯迅。魯迅病臥在床上，見我去，突然地豎起身來，從枕頭底下取出幾本刊物和一封信來，一面遞給我，一面十分氣憤地說：『你看，眞的來了！可惡不可惡！』又說：『我連密斯許（指許廣平）也沒有給她看過。』魯迅當時的表情，除氣憤之外，我覺得還有點寒心的流露。

「我一看，是托派寄來的刊物和一封署名「陳仲山」的信。我看了後說：『他們自己碰上來，就給他們一個迎頭的痛擊吧！』

「魯迅說：『你去處理吧！』

「當時我也提到兩個口號已發生論爭，兩方對立情況也更厲害起來，而胡風的文章也確實寫得不好等事情。我向魯迅說，他是否可以發表一個談話之類的東西，一方面對『民族革命戰爭的大衆文學』這個口號，正面表示他的意見；一方面，不排斥『國防文學』口號。他同意，也叫我照他的意見和態度去處理。

「我回來後，卽以『O·V·筆錄』形式擬了《答托洛斯基派的信》和《論現在我們的文學運動》，都是完全按照他的立場、態度和多次談話中他所表示的意見寫的。發表後他自己都看了，認爲符合他的立場、態度和意見的；並且從刊物上剪下來，放到他的積稿堆中去，準備將來編進他的文集。

「魯迅發表這兩篇文章，對當時抗日民族統一戰線政策的宣傳和文學問題都有意義和起了作用。

「其中有幾點，魯迅的態度是特別明白的。

「⑴魯迅在這兩文中，對於抗日民族統一戰線政策的立場是堅決的，態度是熱烈的。特別是在《答托洛斯基派的信》中，他痛擊了托派，同時熱烈擁護黨，擁護毛××和毛××制定的抗日民族統一戰線政策，寫出××金光閃耀的名字，並且說，他能引毛××和在毛××領導下的共產黨人爲同志，『是自以爲光榮的』。

「⑵在兩文中，都在打擊托派的同時，也批判了階級投降主義的傾向。

「⑶在《論現在我們的文學運動》中，魯迅從無產階級的立場和在抗日民族統一戰線中堅持無產階級的領導權和領導責任的觀點，明確地解釋了「民族革命戰爭的大衆文學」這口號。

「在《論現在我們的文學運動》中，仍然沒有明確地說『民族革命戰爭的大衆文學』，這口號係由魯迅提出。這是因爲在他床邊談到他發表這個談話的時候，我雖然也曾經向他提出過順便說明一下這口號原是由他提出來的意見，他却認爲已經提出來了，也就不必再說明了；所以文中就仍然沒有提到這口號由誰提出。由於這個緣故，又由於我考慮不周到，其中『但民族革命戰爭的大衆文學，正如無產階級文學的口號一樣，大概是一個總的口號罷』一句裏面的『大概』和『罷』三個字，在措詞上就不够妥當和肯定；發表後我也對魯迅說到過這一點，魯迅却說：『這也不要緊！』」

「這兩篇文章是在幾個刊物上同時刊登出來的，但送到周揚、夏衍等領導的《光明》半月刊去，却拒絕刊登。後來又托茅盾送到周揚主持的《文學界》月刊去，它只刊登了《論現在我們的文學運動》一文，却在後面附了一個千把字的編者附記，攻擊了魯迅；而《答托派信》又仍然不予刊登㉘。」

㉘馮雪峰的這一段敍述，假如冷靜的看，魯迅只要反周揚等人的「文總」和「左聯」等一夥人，不惜任由馮雪峰代擬文稿，任由馮說他不反中共。他仍是採用「罵太監不罵皇帝」的辦法。換句話說，魯迅是在想利用高級的中共份子來打擊周揚，不惜由馮雪峰抬出毛××。而馮雪峰撰此文時，是在文革時期，更是要把魯迅反周揚的「文總」，說成反周揚，而不是反中共。須知當時周揚是代表中共在上海的地下組織。魯迅的反周揚，便是反中共黨的作風。

「3.魯迅發表《答徐懋庸並關於抗日統一戰線問題》的經過㉙：

「六、七月之間，在黨的抗日民族統一戰線政策的號召之下，上海各界的羣衆救亡運動已有很大的開展；『停止內戰一致對外』和『各派聯合一致抗日』的呼聲以及爲達到這要求的各種活動都在向着廣泛的範圍發展。這方面的情況，這裏不須敍述㉚。

「文藝界的兩個口號的論爭，在七月間可以說達到了高潮㉛。這次論爭，在文藝思想上有它

㉙ 馮雪峰的這一篇最反共、最揭發周揚等「四條漢子」的「橫暴恣肆」和「陰險卑鄙」之行爲的文件，是說他根據魯迅平日說的話，以及當時魯迅的意思，先擬一草稿，經過魯迅的詳細刪改和增添，才算完成了。

這就註定了周揚等人，在大陸陷共之後當權時，設法「整」他的基本原因。

㉚ 當時上海的羣衆救亡運動，由馮雪峰的敍述，的確是中共在暗中發動的。國民政府當時在蔣委員長領導之下，一方面與日寇交涉，拖延時間，以便作軍事準備，好在抗日戰場上操勝算。一方面勦共以安定內部，內部有不同號令的軍隊，怎能對外。當時中共在陝北，僅餘三萬餘人，假如認眞圍勦，不難殲滅。中共恐遭殲滅之命運，故於日本在華北節節進逼之下，發動羣衆運動，向國民政府要求停止內戰（卽是反對勦匪軍事），以延續中共的軍事生命，並藉抗日以求發展。這便是共黨的目的。但在羣衆運動中，是說的救亡，是說的一致對外。羣衆是不知道政府的苦心，和共黨的謀略的。羣衆特別聽得進，於是在愛國、救亡、抗日等口號之下，羣衆運動便廣泛的發展開來。

㉛ 兩個口號的論戰，後來出版兩册書，一是「現階段的文學論戰」內容收文章五十五篇，作者有四十人。林淙選編。光明書局總經售。二十五年十月十五日出版。二是「國防文學論戰」內容收文章五十七篇，作者三十六人。總編輯兼發行者：新潮出版社。總經售上海通俗文化社。二十五年十月初版。兩本書的內容，是很多相同的。編排以「現階段的文學論戰」爲佳。

重要的歷史意義，卽兩條文藝路線——一條是周揚所代表的王明右傾投降主義（也卽是修正主義）的文藝路線，一條是堅決地站在毛××方面的魯迅所代表的無產階級路線——的鬬爭。但在當時我並沒有達到這樣的認識㉜。我只覺得文藝界問題，有些「棘手」，我已經揷手進去，又不能不管。第一，我當時主觀上認爲論爭是相當混亂的，而對立的情況還越來越厲害，要成立一個所有作家都參加的統一戰線的新團體（可以把已經成立的「文藝家協會」擴大），看來就不是能很快實現的。第二，以周揚爲中心的一派人，勢力不小，在他們影響下的人數很多，在當時上海文藝界是占了優勢的。他們在關於『國防文學』和『統一戰線』問題的理論上，是明白地反對在抗日民族統一戰線中堅持無產階級的領導權，認爲堅持無產階級領導權就是宗派主義和關門主義（他們這種投降主義的思想，我當時也已經認識到）。但另一方面，他們又以「國防文學」作爲作家加入統一戰線的根本條件，排斥不同意見的人，表示了他們嚴重的宗派主義和關門主義。他

㉜ 關於中共路線問題，茅盾在「需要澄清一些事實」一文中說：「我這篇短文，不打算講兩個口號的理論方面的分歧。這方面，已有別人寫了很多的有說服力的文章。我覺得奇怪的，是聽說現在還有人說國防文學口號是王明右傾機會主義路線的產物，提出國防文學這口號是路線錯誤，而不知王明右傾機會主義路線是在抗戰後形成的，而國防文學的口號却在大概兩年前提出來的。」茅盾的這些話，是說，馮雪峰等人攻擊周揚，便說周揚是屬於王明路線，而他們却是毛澤東的路線，其實，周揚所提出的「國防文學」的口號，倒是合乎毛澤東的統戰陰謀的。馮雪峰又爲什麼要這樣說呢？這是共黨份子寫文章，首先拉上當權派的慣技，也是保護自己的方法。

們這種宗派主義和投降主義結合在一起的態度，還特別明顯地表現在他們拚命地反對『民族革命戰爭的大衆文學』口號的事情上，他們甚至於不允許這口號同『國防文學』口號並存，要求撤回。他們又繼續攻擊魯迅，不但拒絕刊登魯迅表示熱烈擁護抗日民族統一戰線政策的文章，並且還造謠汚蔑魯迅文章中的意見不是魯迅的原意，是別人假冒的。他們造這種謠言的目的仍然是在誣蔑魯迅『反對統一戰線』，是『左的宗派主義者』，把魯迅同托派相提並論。我當時特別感到『棘手』的，也就是周揚等人不肯改變對魯迅的態度㉝。這裏要敍述到魯迅發表《答徐懋庸並關於抗日統一戰線問題》一件事，我想，也就首先要提到當時文藝界的這種情況和周揚他們不肯站到以毛××爲首的黨中央的正確政策下面來，不肯停止攻擊正確的魯迅的這種事實㉞。十分明

㉝「左聯」成立前，創、太兩社的人，都是年輕人，他們提倡「革命文學」，首先要打倒文壇偶像，所以要「圍剿」魯迅，同時，也有「代溝」作用（年輕人與年老人的隔膜），迨中共命令創、太兩社停止「圍剿」魯迅，並爭取魯迅，爭取的方法，便是組織一個「左翼作家」的組織並奉魯迅爲領袖。魯迅不是共黨黨員，而共黨在各種組織中，倒有「黨團」組織，控制各該組織，「左聯」自不例外。當「左聯」成立後，共黨有黨團組織，要控制「左聯」。魯迅的基本精神是爭取自由的，他當然，不願意事實受控制。同時，創、太兩社的人與魯迅爭論的關係，基本上沒有解決，可以說兩方面都心存芥蒂，創、太兩社革命份子，仍然瞧不起魯迅老頭子。而魯迅也仍然瞧不起創、太兩社革命份子的幼稚行動。到「左聯」後期，周揚等一夥人，操縱把持，魯迅不惟不接受，還在身邊團結了一部份作家如巴金、黃源、胡風、蕭紅、蕭軍等。代表中共黨的周揚等一夥人，更是要對魯迅不客氣了。魯迅也展開反擊行動。

㉞這裏的話，馮雪峰仍然是拉毛澤東作護符。

白，徐懋庸給魯迅的信，就是周揚等人所策動的攻擊魯迅的事例之一，而魯迅發表這篇文章的目的，還更清楚。魯迅固然嚴厲而尖銳地批判了周揚等人的惡劣行爲，反擊了他們對他的攻擊，但主要的中心的目的是爲了宣傳他所擁護的黨的抗日民族統一戰線政策，同時爲了革命作家的團結和文藝界廣泛的統一戰線的結成，也爲了在文學主張上貫徹無產階級的立場㉟。

「下面我就把同我有關的事情聯繫在一起，敍述一下魯迅寫這篇文章的經過情況。

「所謂『同我有關』，就是指後來保留下來的魯迅原稿，係魯迅用墨筆在我用鋼筆寫的一份草稿上大加修改和大加添寫而成的一件事。

㉟ 徐懋庸給魯迅的信，是直接向魯迅挑戰的。徐的背後，便是周揚等人。關於這一點，徐懋庸在其「回憶錄」中將他發信給魯迅的秘密說了出來，他說：「……魯迅答復我的文章發表後，周揚他們認爲我給他們惹了大禍，就開了一個會批評我，除了周揚以及原『左聯』常委會的幾個人以外，還有夏衍。他們批評我『個人行動』、『無組織紀律』、『破壞了』他們『同魯迅的團結』，而他們自己却毫無檢討。我很不服，駁斥了他們。我說，信雖然是我自己想起寫的，可以說是『個人行動』，但其基本內容，不是你們經常向我灌了又灌的那一套麼，不過我把它捅了出去而已。『左聯』的解散，我本是贊成魯迅先生的反對意見的，你們硬要解散，而且不發表宣言，既已解散了，還有什麼『組織』，什麼『紀律』。你們與魯迅的『團結』這幾年不是由我去做的麼？魯迅文章所揭露的事情，絕大部份是你們所幹而我不知道的，難道你們本來同魯迅很團結，而由我這信才破壞的麼？——這樣我對周揚他們的爭論，强調了代表他們的方面。」（徐懋庸「回憶錄」第七章）。周揚等之所以批評徐，是怪徐「把它捅了出去」。周揚等對魯迅是採陰謀手段的，眞的公開了，他們又怕有不利的影響。魯迅在答復的信中，是很尖銳的批判了周揚等一夥人的惡劣行爲。也就是批判共黨份子的行爲。

「這件事其實不重要，但爲了了解眞實情況，也可以敍述一下。

「魯迅收到徐懋庸的那封信是在八月初（現在查魯迅日記是八月二日），那天下午我剛好到魯迅那裏去，他就把徐信給我看了。我現在也還記得，他當時是確實很氣憤的，一邊遞信給我，一邊說：『眞的打上門來了！他們明明知道我有病！這是挑戰。過一兩天我來答復！』

「這很明白，魯迅自己是決定要寫這篇文章的。

「當時魯迅在大病之後，我看他身體確實還沒有恢復健康；又因爲六月間我曾以『O·V·筆錄』，代他處現過兩件事情，還符合他的意思，於是我看完徐信後就說：『還是由我按照先生的意思去起一個稿子吧。』

「但魯迅說：『不要了，你已經給我槍替過兩次了。這回，我可以自己動手。』（意思是說，他身體已經可以寫文章。）

「不過，我臨走時仍然向魯迅要了徐懋庸的信，說：『讓我帶去再看看。』我回到住處後，當晚就動筆，想寫下一些話給他做參考。用意還是因爲他身體確實不好，而有許多話是他答復徐信時必須說的，也是他一定要說的，他平日又是談到過多次的，我按照他的意思，他的態度先寫下一些，給他參考，也許可以省他一點力。這就是那一份鋼筆寫的草稿的來由。大概第三天，我拿到魯迅家去，說都是按他談過的話寫的，也許可以給他參考，不料他看了後說『就用這個做一個架子也可以，我來修改，添加吧。』又說：『前面部分都可用。後面部分，有些事情你不清楚，我來弄吧。』其實，這也不足爲奇，因爲那些話都是他自己說過的，同『口授』的差不多。所以，這件事，關係很小。重要的是他原來要寫這篇文章㊱。

「魯迅大約修改和加寫了一兩天時間（現在保存下來的原稿可以證明，不但全篇到處有修改的地方，而且後半篇幾乎全部都是他自己重寫和加寫的）。我過了二三天再到他那裏去時，他已經請許廣平謄抄了一份清稿，還沒有寄出去發表。他說：『正等你來，有幾個字眼斟酌一下。』

「這『有幾個字眼斟酌一下』，也正說明魯迅的認眞和他對自己文章負責的態度。

「我記得當時他曾在謄清稿上改過幾個字（後來這篇文章收在文集中有幾個字同保存下來的原稿不同，就因爲這緣故），但已記不清改哪幾個字了。

「文中有幾處特別提到郭沫若，並且有意引用了郭沫若的話；同時也提到了茅盾。這都是爲了團結，事前考慮過的㊲。

「這篇文章明白寫出『民族革命戰爭的大衆文學』口號是他提的。還說到同茅盾商討過，這也表示他一向都願意同茅盾合作的態度㊳。

㊱ 同㉙。

㊲ 魯迅在答徐懋庸的信中，對周揚「文總」一夥人，攻擊不遺餘力，爲不多樹敵人，特別提到了郭沫若和茅盾不致公開站到周揚方面去。

㊳ 同㊲。

（四）馮雪峰同周揚等人的組織上的關係

馮雪峰在這一資料中，並說明他同周揚等人，在中共組織上的關係。由此可以知道中共怎樣控制「左聯」，又怎樣「內鬪」。是一件很有參考價值的資料。他說：

「一九三六年周揚等人在上海忠實於王明右傾投降主義路線，抗拒黨中央毛××的正確路線㊴。主要的表現在他們提倡『國防文學』和攻擊魯迅的行動上面。他們當時反黨和攻擊魯迅的行動，在我所知道的範圍，大部分我都已經寫在書面發言《揭露周揚在三十年代的罪行》中；現在這份材料裏寫到魯迅的材料也都限於同周揚等人有關的方面，可以作爲我的書面發言的補充㊵。「指示我寫這份材料的領導同志，叫我把當時我怎樣同周揚等人進行鬪爭的情況也寫出來。

㊴ 同㉜。

㊵ 馮雪峰的書面發言，「揭露周揚在三十年代罪行」的資料未見，但從這些補充的資料中，已見其大概。這個資料是馮雪峰在一九六六年八月十日，正是「文革」時期奉命寫的。當時「四人幫」正是想鬪爭周揚，而馮雪峰正是和周揚有過衝突的，命馮寫周揚的「罪行」，正合馮的意思。茅盾在「需要澄清一些事實」一文中有詳細說明。茅盾似乎認爲馮雪峰的長篇資料是不是眞的？其實馮雪峰的這個長篇資料，是不容置疑的。原因是馮雪峰想揭發周揚，想整周揚，已不是秘密的事情。馮雪峰得到當權派的命令，叫他揭發周揚，他豈有不坦白相告的麼！

結果，周揚在「文革」時期，被清算，下放，勞動改造，備受折磨，和他整別人一樣的被整了。趙浩生在「周揚笑談歷史功過」的訪問記中問他：「文化大革命中鬧得最亂，當你脖子上掛着一面大牌子受批判的時候，你是什麼心情呢？」周揚答：「那個心情很容易理解，不舒服就是了。……」周揚鬪垮了很多人，到「文革」時，方受到了被鬪被批判被下放的滋味。

我想，我當時在上海的一段工作中，如果也說得上曾經站在以毛××爲首的黨中央的正確路線的立場上對周揚等人進行過鬪爭㊶，那麼，在重大的問題上我還是通過魯迅去對他們鬪爭的。我在這份材料中所以把魯迅和周揚等有關係的事情寫得多一些，也就是爲了：一則便於了解當時由周揚等人所造成的文藝界某些情況和魯迅的『處境』，二則說明在幾個重大問題上魯迅曾經怎樣對周揚等人進行了原則性的鬪爭。魯迅當時對於周揚等人的投降主義傾向——也就是王明右傾投降主義路線——和他們站在投降主義立場上的宗派主義的批判，在政治上和思想上都發生了很大的影響，這也就是魯迅在爲黨的正確路線而鬪爭㊷。

「有些事情也通過茅盾，例如我對於『文藝家協會』的有些意見和建議，都曾經同茅盾商量過，並請他轉告周揚的。在八月間，茅盾對周揚的宗派主義有過鬪爭，寫過批評周揚的文章，是我建議他寫的。周揚的方針是拉住茅盾，讓茅盾同魯迅對立。茅盾經過我同他幾次談話，對於『國防文學』口號的看法有所改變，同時同意了魯迅提出的『民族革命戰爭的大衆文學』口號，

㊶ 同㊴。

㊷ 馮雪峰一再說到路線的鬪爭，是後來戴上的帽子。其實際情況，是周揚以「文總」和「左聯黨團」來壓迫魯迅，而魯迅不甘心降服受壓迫，便起而反抗。適馮雪峰自陝北到上海，找到魯迅，魯迅便拉馮一起去反周揚。馮雪峰與周揚早有嫌隙，自然一拍即合。馮便不管周揚在上海所代表的黨組，直接與魯迅等在一起，與周揚以打擊。馮雪峰在這裏一再說「魯迅爲黨的正確路線而鬪爭」，是替魯迅的頭上揷上附加的東西，魯迅只是反壓迫，那裏管到共產黨的路線？

站到魯迅方面來，周揚就轉而攻擊茅盾㊸。

「從組織上對周揚等人進行鬪爭，我當時是困難的，因爲我初到上海時並沒有能夠在組織上直接對他可以決定什麼的權力；黨中央叫我附帶管一管文藝界的事，也囑咐我要通過各種方式去傳達中央的政策：通過魯迅、茅盾，把黨的政策宣傳到文藝界，就是黨中央囑咐我運用的方式之一。到上海後幾天所了解到的當時上海文藝界的黨組織，有以周揚爲首的『文委』（左翼文藝運動時期黨的領導文藝工作的機構，它領導各文藝團體的「黨團」，卽黨組。它本身初期受上海中央局宣傳部領導，後受江蘇省委宣傳部領導：一九三六年時，江蘇省委已不存在，「文委」也已經沒有上級領導），以前屬於左翼各文藝團體的黨員有一部分和這『文委』還有聯繫，受周揚等人領導；有一部分則實際上已經不同它聯繫，並且同周揚等人對立。我到上海後約一星期內找到幾個黨員，先是通過王學文去同周揚等人聯繫，也是先請他向周揚等人傳達黨中央的政策的。同周揚等人對立的一部分黨員，則通過周文和一個名叫路丁的黨員去傳達㊹。

「我請王學文約周揚同我見面談話，是我到上海後二十天左右，却遭到周揚拒絕，說他不相信我，要我拿證件（黨中央的介紹信）給他看，說我是假冒從陝北來的。

㊸ 從這裏可以看出當時周揚是很張牙舞爪的。

㊹ 從這一段敘述中，可知當時上海的左翼文藝運動，是處處受共黨的控制的。江蘇省委宣傳部等組織被破壞後，周揚等自組「文委」繼續從事控制工作。魯迅就是在此時反抗周揚等人，達到高潮的程度。

「但周揚拒絕同我會見的眞正原因，是我到上海後沒有首先找他，而先找了黨外人，特別是沒有同他商量之前，就『和胡風商量』提出了『民族革命戰爭的大衆文學』口號，同他已經提出的『國防文學』口號相對立。這是王學文當時告訴我的；在魯迅逝世後我同周揚見面時，他自己也告訴過我，說他拒絕同我會見是對我的抗議。

「我到上海後二十天左右才找周揚，客觀的原因是我有別的更重要的任務，時間也來不及，並且已經有王學文去同他聯繫，傳達中央政策。至於同胡風倒先見面，那是恰好在魯迅家碰見的，已如上述。但我沒有盡快找周揚談話，我也是有錯誤的，因爲我過去同他不够『團結』，現在就應該盡快找他，以消除過去的隔閡。而更重要的是我當時沒有把提出一個文學口號的問題看成是一件重大的事情，對於周揚提出的『國防文學』口號的錯誤性也認識不足；如果不是這樣，我就一定會盡快找他，當面同他們討論文學口號問題和指出『國防文學』口號的錯誤。我的這個錯誤，在後來同他見面時，我也當面向他承認過㊺。

「但周揚雖然拒絕同我見面，我仍然通過王學文同周揚等人——也就是以他爲首的那個『文委』聯繫的，不但中央來的每一個新指示都請王學文去傳達，就是我個人對他們有些什麼意見，也請王學文轉告他們的。對於周揚等人的『國防文學』理論，某些言論和做法，我也確實多次指

㊺ 馮雪峰這三段敍述中，將周揚的坐地爲王的稱霸態度，寫得很眞實，同時，馮也承認了他過去與周揚不够「團結」的事。換句話說，他們是以私人恩怨，影響了工作。

出過，說他們是違背了黨中央的政策的，並且也都請王學文轉告他們。他們對魯迅的攻擊和汚蔑以及拒絕刊登魯迅的文章等嚴重錯誤行為，我尤其一次次請王學文去正告過他們的㊻。「我會見夏衍是在到上海後二十來天，從初次會見到以後幾次會見時的談話，也都談到以上的問題，特別是要求他們停止攻擊魯迅的問題㊼。

「但周揚在攻擊魯迅的同時，也攻擊我；從他知道我到了上海以及提出新口號的事同我有關的時候起，就散布關於我的謠言，例如說『假冒中央名義』、『欽差大臣』、『勾結胡風』、『假借魯迅名義』等等㊽。

「在五、六、七月這幾個月中，我忙於同各界救亡運動及各方面的聯繫，收集情報等工作，又曾赴香港去同從莫斯科回來的潘漢年聯繫，費時近十天；因時間不够，我對文藝界的直接接觸和直接了解情況也就很不够。

「七月中旬，潘漢年經由上海赴陝北找中央，大約七月底回上海；這時中央決定成立上海辦事處，潘為主任，我為副主任。從這時起，我有比較多一點時間管文藝界事。這時候，我確實有過改組或撤銷原來的「文委」——主要是停止周揚對文藝界的領導工作——的建議，但沒有實行。

㊻ 這是馮雪峰向共黨告狀的自站脚步的說法。
㊼ 同㊻。
㊽ 這是說周揚狂妄到攻擊中共派來的人。

原因是新的領導機構一時找不到適當的負責人；而不久，魯迅《答徐懋庸》一文發表，周揚「威信」大為降低，原來的「文委」就等於自行停止。文藝界的黨員則陸續成立小組；這些黨員有些後來陸續到延安，留下的幾個黨小組後來交給新成立的江蘇省委（中央派劉曉來組織省委和做省委書記的）㊾。

「文藝界在魯迅逝世後曾成立過一個有非黨員參加的臨時核心領導組織，夏衍是其中之一，周揚不願意參加。這個組織只開過一兩次會，未起過什麼作用。在西安事變之後，形勢已大變，上海作家們流動也很大，在我工作的期間，不曾再成立過像過去『文委』似的組織。

「周揚在一九三七年「七七」前後，從上海到南京，經南京辦事處到延安，因為不曾經過我，那經過情況，我不清楚。

「周揚、夏衍等提出『國防文學』主張，系依據巴黎出版的《救國時報》和莫斯科出版的英文版《國際通訊》上的王明的文章，他們還用王明的觀點來歪曲毛××提出的抗日民族統一戰線政策，這都是十分明顯的。夏衍、陳荒煤等自己在一九五七年作協黨組擴大會上也還說過，他們當時是根據王明的文章和季米特洛夫的一個報告的。但在一九三六年時，我沒有發現周揚、夏衍

㊾ 魯迅的「答徐懋庸並關於抗日統一戰線」發表後，周揚的工作便很難做下去。周揚後來在答復趙浩生的訪問時說：「那時候，二十幾歲，確實也不懂事，革命熱情是有的，但工作就很難做了，特別是魯迅公開指名批評我以後。」自此，周揚在上海不能存在，到延安去了。

等人同王明有什麼組織上的聯繫；現在也回想不起可供追查的線索，——這當然是就我所知道的範圍說的。」㊿

二五、文藝家協會的內幕

十五的信，二十五收到了，足足轉了十天。作家協會已改名文藝家協會，發起人有種種。我看他們倒並不見得有很大的私人的企圖，不過，或則想由此出點名，或則想由此洗一個澡，或則竟不過敷衍面子，因為倘有人用大招牌來請做發起人，而竟拒絕，是會得到很大的罪名的，即如我即其一例。住在上海的人大抵聰明，就簽上一個姓名，橫豎他簽了也什麼不做，像不簽一樣。

我看你也還是加入的好，一個未經世故的青年，真可以被逼得發瘋的。加入以後，倒未必有什麼大麻煩，無非幫幫所謂指導者攻擊某人，抬高某人，或者做點較費力的工作，以及聽些謠言。國防文學的作品是不會有的，只不過攻打何人何派反對國防文學，罪大惡極。這樣糾纏下去，一直弄到自己無聊，讀者無聊，於是在無聲無臭中完結。假使中途來了壓迫，那麼，指導的英雄一定首先銷聲匿跡，或者聲明脫離，和小會員更不相干了。

㊿馮雪峰的這一有關透露三十年代左翼文藝運動許多秘密的資料，到此，全部引證已畢。馮雪峰一定說周揚走王明路線，便是要鬬爭周揚的藉口。因爲文革時期，特捧毛澤東，而毛是反王明的。馮雪峰這一指控，果然有了效，「四人幫」將周揚打成了文藝黑線，加以蹂躪。

冷箭是上海「作家」的特產，我有一大把拔在這裏，現在在生病，俟愈後，要把它發表出來，給大家看看。卽如最近，作家協會發起人之一在他所編的刊物上説我是「理想的奴才」，而別一發起人却在勸我入會：他們以為我不知道那一枝冷箭是誰射的。你可以和大家接觸接觸，就會明白的更多。

這愛放冷箭的病根，是在他們誤以為做成一個作家，專靠計策，不靠作品的。所以有一件大事，就想借此連絡誰，打倒誰，把自己抬上去。殊不知這並無大效，因此在上海，竟很少能够支持三四年的作家。例如「作家」月刊，原是一個商辦的東西，並非文學團體的機關誌，它的盛衰，是和『國防文學』並無關係的，而他們竟看得如此之重，卽可見其毫無眼光，也沒有自信力。

按：魯迅此信寫於一九三六年五月二十五日，是致時玳（「自由談」的投稿者）的。魯迅這一封信，把周揚等人的將「作家協會」改爲「文藝家協會」，種種明的暗的因素和作風，都說的很清楚，證明周揚等人的浮淺和「無眼光」。更引人注意的是「冷箭……我有一大把拔在這裏，現在在生病，俟愈後，要把它發表出來，給大家看看。」可惜，他的病一直未愈，並且到了十月，便結束了生命。否則，像「答徐懋庸並關於抗日統一戰線」一類揭發共黨惡劣作風的文章，還會很多，研究共黨利用文藝的第一手資料，不是又多了一些嗎？眞是可惜！

二六、他們自有一夥，狼狽爲奸

上海不但天氣不佳，文氣也不像様。我的那篇文章中，所擧的還不過很少的一點。這裏有一種文學家，其實就是天津之所謂青皮，他們就專用造謠，恫嚇，播弄手段張網，以羅致不知底細的文學青年，給自己造地位；作品呢，却並沒有。真是惟以嗡嗡營營為能事。如徐懋庸，他橫暴到忘其所以，「實際解決」來恐嚇我了，則對於別的青年，可想而知。他們自有一夥，狼狽為奸，把持着文學界，弄得烏煙瘴氣。我病倘稍愈，還要給以暴露的。那麼，中國文藝的前途庶幾有救。現在他們在利用「小報」給我損害，可見其沒出息。

按：魯迅此信寫於一九三六年九月十五日，是致王野秋的。

魯迅在這一封信中，特別指出「他們自有一夥，狼狽爲奸，把持着文學界，弄得烏煙瘴氣。我病倘稍愈，還要給以暴露的。」這裏所說的「他們」，就是指周揚的一夥。正是周揚、夏衍、胡喬木、章漢夫、楊仿之等組織「臨時文總」領導組織[51]的時候，魯迅對他們的作風深惡痛絕，故在這一封信中直指其沒出息。並且說：「我病倘稍愈，還要給以暴露的。」這話說得多麼斬釘截鐵！可惜，他的「病」，並未「稍愈」，而竟繼之以「死」，遂使當時共黨份子的惡劣作風沒

[51] 同[4]。

有一一的暴露出來。不過，在魯迅的這些信中，也已經暴露不少了。

大陸陷共後，研究魯迅似乎成爲一種風氣，但像我這樣的研究，是沒有的。我認爲像我這樣的研究，才是顯現魯迅眞面目的工作。他們一定要把自由主義的魯迅，裝扮成共產主義的魯迅，他們的目的是在欺騙青年，欺騙文藝界。而這樣的做法，是經不起分析的，一經分析，便知道全不是那麼一回事。

假若只講理論，他們是欺騙，他們絕不會心服口服，讀者也會將信將疑。現在，把「魯迅書簡」中的話摘錄出來，就是一種鐵的證據。證據擺在那裏，呈現出魯迅的眞面目，很自然的證明，不是他們所說的假的形象了。

七十年七月二十三日—八月十二日初稿，十月二十八日—三十一日修正。

附錄：關於胡風冤案和文字獄及平反的經過

二十五年前（一九五四年），追隨中共多年的名文藝理論家，詩人胡風看不慣中共壓制下文藝界蕭條黑暗，寫了一部長達三十萬言的「文藝意見書」，上呈毛澤東，痛陳文藝界黨性政治教條和宗派主義對文藝創作的危害束縛，呼籲不可爲一政黨宗派集團的狹隘利益而犧牲一個時代的文學。

在胡風的「文藝意見書」中，他對中共文藝界的弊病的批判可說是一針見血。他在分析中共文藝界一片烏烟瘴氣，毫無生息的境況的原因的「關鍵在那裏」的一章中指出：妨礙文學創作發展的主要根源，在於中共「在讀者和作家頭上放下了五把『理論』刀子」，而且是爲了「頑強的宗派主義的有意識地維持軍閥統制」而揮下去的。這五把殺人不見血的刀子，照胡風的說法，一是共產主義理論和世界觀，這一刀把作家「嚇啞了」；二是寫工農兵的提法，把作家束縛死了；三是思想改造的絕招，使作家靈感乾枯；四是所謂「民族形式」的提法，禁止作家與其他國家文學溝通，把文學發展路子堵死了，用胡風的語句，教條把文藝封得「非禮毋視」「非禮毋聽」「非禮毋動」，作家因而只好「非禮毋言」，以至無所動、無所言了；五是所謂「題材有重要與否」之分的提法，以後發展的只准寫政治運動，使作家躲進政治口號的胡同中，閉門造車，與眞正生活脫節，與人民脫節。

胡風在「意見書」中沉重地控訴道：「在這五把刀子的籠罩之下，還有什麼作家與現實的結合，還有什麼現實的主義，還有什麼創作可言？」胡風寫這「意見書」的時候，正受着敵對的掌權人物周揚、林默涵、何其芳等圍攻。他的這一擧，可說是背水一戰，形勢所迫，頗體現他自謂的「主觀戰鬪精神」。但他上書的對象不幸却是自以爲英明的一世「昏君」、「暴君」，其結果便造成了中國有史以來最大的「文字獄」。毛「皇上」親自花了數月寫批判文章，組織材料，發動了達一年之久反「胡風」運動，對胡風批判的主要陣地是〔文藝報〕。而一九五四年九月，却又出現了〔文藝報〕被毛澤東稱之爲「壓制小人物」的事件，受到批判。胡風當然拍手稱快，於是他趁機對〔文藝報〕予以反擊。可惜，胡風「被樂觀估計所蔽」，錯誤估計了形勢。四十四年（一九五五）一月，周揚在中宣部的一次會議上突然傳達了中共和毛的決定：展開批判胡風的運動。毛親自決定將胡風的「意見書」公開發表。胡風預感到不妙，緊張萬分，匆匆忙忙寫了一份〔我的自我批判〕的檢討，但無濟於事。因爲毛澤東早已準備對胡風這個與他持不同「文見」的文化人大動手術了。胡風被定爲「胡風反革命集團」頭子，牽連者除與胡風接近的小說家路翎、冀汸，詩人魯藜、蘆甸、綠原，文藝批評家阿隴、張中曉、雪葦、方然、呂熒等有才華的作家之外，廣及全國各省。被定爲「胡風反革命集團」分子的人極多。據初步閱讀資料所得，有名有姓上報刊的就有七十一人。此實不包括各地方報刊以及不上報刊人數。某君有一友人，僅給胡風寫一封信，請教文字上的問題，也成爲「胡風分子」，下獄二年。其他如教書時提過「胡風集團」主要成員名字的教師，甚至與胡風素昧平生只讀過他文章的人，紛紛被牽連入獄，據另從大陸出來的人估計，最少達一千人之衆。此數字求證於作家蕭乾，他未加否認，大概是頗接近的數字了。名不見經傳的無辜成員也要坐牢，作爲頭子的胡風，其遭遇更不難想像了。但中共消息封閉，多年來的傳說是：下落不明。

另據確息：胡風於四十四年（一九五五）七月被捕。四十五年（一九五六）關進秦城監獄。四十七年（一九五八）毛澤東指示，對胡風要進行審判處理。但因大量文藝思想的問題難以定罪，結果拖至五十四年（一九六五）才正式宣判，判了胡風十二年徒刑，監外執行。「文革」中，他又被重新判處「終生監禁」，在成都住了兩年大牢，曾表演神經錯亂。

胡風案以及引起的「文字獄」發生後，胡風的命運一直爲海外知識界所關心。一九八〇年初林曼叔在巴黎訪問被中共派往法國的「作家代表團」團長巴金以及徐遲、孔羅蓀等人，詢問胡風的下落和胡風事件的問題。在他們的答覆中才知道胡風尚活在人間，在四川省，關於他的案件亦在重新評審中。但胡風是在獄中或已出獄，却未得進一步消息。據作家蕭乾談到胡風，他說胡風已出獄，并得了「四川省政協委員」頭銜。但他對胡風事件之新結論，在他離開大陸赴美前，仍無新的消息。

在中共「文代會」上，中共「文藝沙皇」周揚仍拒不爲胡風問題定性，結果會上有人提出來了。據參加會議的香港中共報刊「新晚報」總編輯絲韋寫文介紹，在會上提出要求重新評價胡風事件以及毛澤東文藝政策的頗多。據一位中共作家私下透露，最先提出胡風問題再評價的是中共「文藝報」總編輯馮牧，因此在選「作家協會」理事時，馮牧得最高票。在衆多受到迫害的作家的質詢後，周揚才不得不作有限度的讓步，對胡風案作一新的結論，但仍堅說對胡風集團作爲文藝思想和宗派加以批評是對的和必要的，而錯則在不應作爲一全國性政治運動來展開罷了。這一結論，被蕭軍在「文代會」的發言直斥爲「扭扭揑揑」，仍不澈底。

絲韋的有關「文代會」的內幕報導也證實了胡風出獄和出任「四川省政協委員」閒職的消息。但周揚在「文代會」上爲胡風事件所做的新結論，仍不是解釋爲胡風事件已得平反。這場「文字獄」牽連廣及全國，而且又是由中共最高頭子毛澤東發起的「黨史」中大事件，是應要由中共最高的「政治局」和「中央委員會」以正式文件公佈才能算數的。另一位中共的作家持有這樣的見解。但從周揚的報告看來，胡風的案件要從基本上平反，障礙仍多，一是對「毛澤東選集」第五卷（華國鋒主編）中聲色俱厲、殺氣騰騰的毛澤東文章如何交代，二是胡風是周揚的敵人，周揚也不肯讓胡風輕易「恢復名譽」，至少在文藝思想理論上。胡風批評中共文藝當局迫害文字的「五把理論刀子」，周揚還執着不肯放棄，中共當局也無意放棄。因此，縱使有新結論，也仍是大體否定胡風，只能承認鎭壓手段過份嚴厲，或錯將文藝問題在政治案件處理這一限度而已。

另據確息：胡風的寃案，今天亦終於平反了。他的平反過程，也是頗爲「有趣」的。這個受了二十多年嚴重折磨的古稀老人，名聲已被搞得很壞。而七九年，他却突然被「起用」爲四川省政協委員，六十九年（一九八〇）進京，就任文學藝術院的顧問。但是，却不見平反消息。這期間，報章上刊登了胡風給蕭紅的〔生死場〕寫的後記，人們只從這些「迹象」猜到胡風是「解放」了。

據說，中共黨內下了文件爲胡風平反。可是，胡風不滿足於此。因爲他的案是經過法院的判決的，對此，胡風始終耿耿於懷，決不放過。六十九年（一九八〇）十一月，北京市中級人民法院終於重新審理胡風案件，宣佈撤銷原案。陪審員有詩人張志民、作家吳祖光等。胡風本人因病沒有出席，由其夫人梅志出席。至此，胡風澈底平反。

胡風生於清光緒二十九年（一九〇三），現在（一九八〇）已是七十七歲的高齡老人了。他的「主觀戰鬭精神」，在二十五年的苦獄的消磨中，能保留下多少，很成疑問。倘使保留下多少，他又何能有所作爲？他的一生中最有創作力的歲月，已消耗在監獄中。他的一生，可說是一個中共追隨者和一個尙有作家的良知的作家所必然的悲劇。他的命運悲劇，其實早在他初參與中共地下文學運動時已注定了。說起胡風與共黨的接觸，早在他從淸華大學畢業後在日本留學時開始。當時他參加日本共產黨，然後被派回上海，二十二年（一九三三）進入「申報」編輯部，經當時中共派駐上海文化統戰頭子馮雪峰介紹，認識魯迅，參加中共外圍組織「左聯」，後因與中共另一派頭目周揚因口號問題發生爭執。胡風爲魯迅撰文提倡「民族革命戰爭的大衆文學」與周揚提出的「國防文學」唱對台戲。

與周揚決裂後，胡風積極創辦多種雜誌，如在上海辦的「七月」和「起點」，在四川重慶辦的「希望」，捧紅路翎、綠原、魯藜、艾青等人，大力發展自己實力，圖與周揚、林默涵、何其芳集團對抗，但終於因毛澤東不聽其言，而至全軍皆墨。胡風追隨中共二十多年，落得的是坐牢的悲劇下場，堪作一嘆。

（以上關於胡風寃案和文字獄及平反的經過。見㈠「胡風寃案及平反」，韋岩作，刊「動向」二十八期。㈡「關於胡風的新消息」，陳莊文作，刊「聯合報副刊」六十九年一月二十七日。）

胡風的寃案，得以平反，便證明自民國二十四年（一九三五）以來，說胡風有問題的，都是排斥異己的鬪爭。同時，也可知中共的鬪爭，是任意誣陷，造成人們受痛苦的折磨；任意株連，成爲現代的「瓜蔓抄」。是沒有什麼是非公理可講的。可以說對共黨是「一經加入，便惹禍上身」了。

貳、從魯迅看三十年代文壇的糾紛

小引

魯迅生命最後的十年，是居住上海，在這十年中，他是以最多的時間從事雜文的著作❶，在雜文著作中有三冊❷是撰有「後記」的。

在這三篇「後記」中，則詳詳細細的反映出三十年代文壇的糾紛，也可以說是反映出當時文

---

❶ 魯迅在「且介亭雜文二集」的「後記」裏說：「今天我自己查勘了一下：我從在『新青年』上寫『隨感錄』起，到這集子裏的最末一篇止，共歷十八年，單是雜感，約有八十萬字。後九年中的所寫，比前九年多兩倍；而這後九年中，近三年所寫的字數，等於前六年，那麼，所謂『現在不大寫文章』，其實也並非確切的核算。」魯迅這個核算，是反擊周揚說他「現在不大寫文章」的話。

❷ 三冊有「後記」的雜文是：「僞自由書」、「准風月談」，和「且介亭雜文二集」。

壇的內幕。

從這種糾紛和內幕中，可以知道新文藝運動的發展情形。

當時，魯迅是以雜文作爲鬪爭的工具，他批評和挖苦「國事」、「社會現象」，尤其是文壇的情形」。被人稱爲罵人的文章，曾引起許多人的「筆伐」，炯之❸在「談談上海的刊物」❹中說：

「說到這種爭鬪，使我們記起太白，文學，論語，人間世，幾年來的爭鬪成績。這成績就是凡罵人的與被罵的一古腦兒變成丑角，等於木偶戲的互相揪打或以頭互碰，除了讀者養成一種「看熱鬧」的情趣以外，別無所有。把讀者養成歡喜看「戲」不歡喜看「書」的習氣，「文壇消息」的多少，成爲刊物銷路多少的主要原因。爭鬪的延長，無結果的延長，實在可說是中國讀者的大不幸。我們是不是還有什麼方法可以使這種「私罵」佔篇幅少一些？一個時代的代表作，結起賬來若只是這些精巧的對罵，這文壇，未免太可憐了。」

魯迅對炯之的這一段話，有反應，他說：

「『這種鬪爭』，炯之先生還自有一個界說：『卽是向異己者用一種瑣碎方法，加以無憐憫，不節制的辱罵。（一個術語，便是「鬪爭」。）』云。」

---

❸ 炯之，據說是沈從文。

❹ 此文刊天津「大公報」的「小公園」，一九三五年八月十八日。

「於是乎這位炯之先生便以憐憫之心，節制之筆，定兩造爲丑角，覺文壇之可憐了，雖然『我們記起太白，文學，論語，人間世幾年來』，似乎不但並不以『「文壇消息」的多少，成爲刊物銷路多少的主要原因』，而且簡直不登什麼『文壇消息』。不過『罵』是有的；只『看熱鬧』的讀者，大約一定也有的。試看路上兩人相打，他們何嘗沒有是非曲直之分，但旁觀者往往只覺得有趣；就是綁出法場去，也是不問罪狀，單看熱鬧的居多。由這情形，推而廣之以至於文壇，眞令人有不如逆來順受，唾面自乾之感。到這裏來一個『然而』罷，轉過來是旁觀者或讀者，其實又並不全如炯之先生所擬定的混沌，有些是自有各人自己的判斷的。所以昔者古典主義者和羅曼主義者相罵，甚而至於相打，他們並不都成爲丑角，左拉遭了劇烈的文字和圖畫的嘲罵，終於不成爲丑角；連生前身敗名裂的王爾德，現在也不算是丑角。」

「自然，他們有作品。但中國也有的。中國的作品『可憐』得很，誠然，但這不只是文壇可憐，也是時代可憐，而且這可憐中，連『看熱鬧』的讀者和論客都在內。凡有可憐的作品，正是代表了可憐的時代」❺。

魯迅雖有這樣的辯解，反對雜文的人，並不是說，這種文體要不得，而是想反對魯迅所代表的理論。——也就是關於「左聯」的立場。可惜，這種反對的論調，太微弱了，沒有發生預期的

❺ 魯迅「論文人相輕——兩傷」，刊「且介亭雜文二集」。

效果。以致三十年代的文壇，成了「左聯」的天下。

魯迅在加入「左聯」之後，確有被裹脅的感覺，他雖然竭力批評「社會現象」和「文壇情形」，而「左聯」的黨團份子則常常在暗中造他的謠，並攻擊他。魯迅是陷在苦悶中和苦鬬中。

假如自由文壇❻能集中力量，對於當時的文風，自有良好的影響，絕不至於成爲向「左聯」一面倒的情況。最後，是這種「左傾思想」「和俄共土共兩種軍力聯合起來，結成三位一體」❼使當時的政府吃了大虧。經過抗戰八年的醞釀，到抗戰勝利之後，那赤色的風暴，便席捲了大陸。

---

❻這裏所說的「自由文壇」，是指反對「左聯」的文藝團體，和個別的作家。

❼蔣夢麟在「談中國新文藝運動」中說：「……所以我國後期的文藝發展，是受俄國共產主義的影響而推動的。這種心理的形成等於爲共產黨舖了一條路。我國文藝發展到這種趨勢，政府方面因不懂得本國社會日趨沒落的背景和國際巧妙精密的陰謀，故祇用兩個簡單的辦法去應付：一個辦法是禁封書局、抓人，……另一個辦法是自己來創作文藝。……因此我們的文藝作品都是些不痛不癢的東西。後來共產黨把文藝移花接木地從西歐思想變成了俄國思想，從此民主思想變成了階級思想，個性主義變成了集體主義。這一來共產黨的勢力在文藝界便强大起來；而眞講民主思想的文藝，便慢慢的與實際政治脫離，祇好以文藝爲文藝，或講歷史，或講考據，都鑽入了各人的象牙之塔，共產黨呢？不論是工人群衆或知識青年，從城鎭到農村都被他們滲透進去。等到我們察覺時，共產主義思想已經瀰漫全國了。這種思想和俄共土共兩個軍力聯合起來，結成三位一體，使我們喫了大虧。」（「談中國新文藝運動」一文，曾收到「現代中國文學史話」頁四七六—四八七。該書正中書局出版）

魯迅當三十年代被中共用「左聯」的紙冠，把他圈了過去，利用他在文壇的聲望❽，使自由文壇式微，當時的文壇情形，究竟如何？看魯迅的這三篇「後記」，便可有一了解。研究文學史的人，可以從這裏，認識中共的利用文藝之巧妙；從事文藝運動的人——也可以說是從事文藝工作的人，可以從這裏探索出文藝運動的得失。

一、「僞自由書」的「後記」

——「申報」副刊「自由談」與「左聯」發生關係的前前後後——

(一)魯迅向「自由談」投稿的由來

關於魯迅向「自由談」投稿的由來，魯迅在「僞自由書」的「前記」裏，是這樣說的：「這一本小書裏的，是從本年一月底起至五月中旬爲止的寄給「申報」❾上的「自由談」❿

❽ 郁達夫在一九三〇年五月二十一日致周作人信中說：「滬上文學家，百鬼夜行，無惡不作，弟與魯迅，空被利用了一場，倒受了一層無形的損失。」

❾「申報」，一八七二年四月三十日在上海創刊的日報，至一九四九年五月二十六日上海陷共時停刊。

❿「自由談」是「申報」副刊的一種，創刊於一九一一年八月二十四日，多刊載所謂鴛鴦蝴蝶派的作品，一九三二年十二月起改變作風，删去鴛鴦蝴蝶派作品。

的雜感。

我到上海以後，日報是看的，却從來沒有投過稿，也沒有想到過，並且也沒有注意過日報的文藝欄，所以也不知道「申報」在什麼時候開始有了「自由談」，「自由談」裏是怎樣的文字。大約是去年的年底罷，偶然遇見郁達夫⑪先生，他告訴我說，「自由談」的編輯新換了黎烈文⑫先

---

⑪ 郁達夫，浙江富春人，生於一八九六年，晚於魯迅十五年。一九四五年九月十七日被日寇秘密殺害於蘇門答臘。原爲頹廢的文人，終結正果，成爲抗日的犧牲者。達夫的小說對二十年代和三十年代的青年有很大的影響。他的事蹟，見劉心皇著「郁達夫與王映霞」（暢流半月刊社出版，大漢出版社再版）。郁達夫和魯迅有友誼，曾於一九二八年六月，與魯迅聯合主編文藝月刊「奔流」。當魯迅被創造社和太陽社「圍剿」的時候，達夫致周作人信中說：「魯迅先生，近來被普羅包圍得厲害，大約日後總也得嘗嘗這一種鬪爭的苦味。」（一九二八年六月二十三日信）。可見郁達夫對那些所謂的「革命文學家」「圍剿」魯迅，是不贊成的，並且感到所有的作家「日後總也得嘗嘗這一種鬪爭的苦味」，達夫的感覺到底是非常敏銳的。一九三〇年三月，所謂「中國左翼作家聯盟」成立。郁達夫被邀參加，不久，便自動退出。郁達夫說：「……後來，共產黨方面，要派我去做實際工作，我對他們說，分傳單這一類的事，我是不能做的，於是，他們就對我更不加滿意起來了。所以在左翼作家聯盟中，最近我已自動的把『郁達夫』這名字除掉了。」（許雪雪：「郁達夫先生訪問記」，刊「郁達夫論」頁一八七。」）至此，郁達夫深自悔悟，在致周作人的信中認爲不但自己被利用，就是魯迅也是被利用的（見註⑧）。

一九三三年一月起，魯迅開始爲「自由談」寫雜文，這是魯迅後期雜文發表的地方。假如沒有「自由談」編者向魯迅拉稿，魯迅後期的雜文，有沒有這樣多，便是疑問。而魯迅之開始爲「自由談」寫稿，却是由郁達夫介紹的。在此之前，魯迅與「自由談」編者黎烈文是不認識的。魯迅也認爲郁達夫這一介紹的重要性，所以，在「僞自由書」「前記」裏，首先報告了出來。

⑫ 黎烈文，湖南湘潭人，於一九三二年十二月起，任「申報」副刊「自由談」的編輯。於一九三四年五月去職。

生了，但他纔從法國回來，人地生疏，怕一時集不起稿子，要我去投幾回稿。我就漫應之曰：那是可以的。

對於達夫先生的囑咐，我是常常「漫應之曰：那是可以的」的。直白的說罷，我一向很廻避「創造社」裏的人物。這也不只因爲歷來特別的攻擊我，甚而至於施行人身攻擊的緣故，大半倒在他們的一副「創造」臉。雖然他們之中，後來有的化爲隱士，有的化爲富翁，有的化爲實踐的革命者，有的也化爲奸細，而在「創造」這一面大纛之下的時候，却總是神氣十足，好像連出汗打嚏，也全是「創造」似的。我和達夫先生見面得最早，臉上也看不出那麼一種創造氣，所以相遇之際，就隨便談談；對於文學的意見，我們恐怕是不能一致的罷，然而所談的大抵是空話。但這樣的就熟識了，我有時要求他寫一篇文章，他一定如約寄來，則他希望我做一點東西，我當然應該漫應曰可以。但應而至於「漫」，我已經懶散得多了⑬。

但從此我就看看「自由談」，不過仍然沒有投稿。不久，聽到了傳聞，說「自由談」的編輯者爲了忙於事務，連他的夫人的臨蓐也不暇照管，送在醫院裏，她獨自死掉了。幾天之後，我偶然在「自由談」裏看見一篇文章，其中說的是每日使嬰兒看看遺照，給他知道曾有這樣一個孕育

---

⑬ 魯迅在這裏說：「……我當然應該漫應曰可以。但應而至於「漫」，我已經懶散得多了。」這話說得對郁達夫，不算很有禮貌。原因是郁已退出了「左聯」，而魯迅還在「左聯」裏當「傀儡」哩，既然當「傀儡」，便不能太捧脫離「左聯」的人物，但他對郁達夫的關係還是很好的。

了他的母親。我立刻省悟了這就是黎烈文先生的作品，拿起筆，想做一篇反對的文章，因爲我向來的意見，是以爲倘有慈母，或是幸福，然若生而失母，却也並非完全的不幸，他也許倒成爲更加勇猛，更無掛礙的男兒的。但是也沒有竟做，改爲給「自由談」的投稿了，這就是這本書裏的第一篇「崇實」；又因爲我舊日的筆名有時不能通用，便改題了何家幹，有時也用干或丁萌。

這些短評，有的由於個人的感觸，有的則出於時事的刺戟，但意思都極平常，說話也往往很晦澀，我知道「自由談」並非同人雜誌，「自由」更當然不過是一句反話，我決不想在這上面去馳騁的。我之所以投稿，一是爲了朋友的交情，一則在給寂寞者以吶喊，也還是由於自己的老脾氣。然而我的壞處，是在論時事不留面子，砭錮弊常取類型，而後者尤與時宜不合。蓋寫類型者，壞處，恰如病理學上的圖，假如是瘡疽，則這圖便是一切某瘡某疽的標本，或和某甲的瘡有些相像，或和某乙的疽有點相同。而見者不察，以爲所畫的只是他某甲的瘡，無端侮辱，於是就必欲制止你畫者的死命了。例如我先前的論叭兒狗，原也泛無實指，都是自覺其有叭兒性的人們自來承認的。這要制死命的方法，是不論文章的是非，而先問作者是那一個；也就是別的不管，只要向作者施行人身攻擊了。自然，其中也並不全是含憤的病人，有的倒是代打不平的俠客。總之，這種戰術，是陳源教授的「魯迅卽教育部僉事周樹人」開其端，事隔十年，大家早經忘却了，這回是王平陵⓮先生告發於前，周木齋⓯先生揭露於後，都是做着關於作者本身的文章，或則牽連而至於「左翼」文學者。此外爲我所看見的還有好幾篇，也都附在我的本文之後，以見上海有些所謂文學家的筆戰，是怎樣的東西，和我的短評本身，有什麼關係。但另有幾篇，是因爲我的感想由此而起，特地並存以便讀者的參考的。

我的投稿，平均每月八九篇，但到五月初，竟接連的不能發表了，我想，這是因爲其時諱言時事而我的文字却常不免涉及時事的緣故。這禁止的是官方檢查員，還是報館總編輯呢，我不知道，也無須知道。現在便將那些都歸在這一本裏，其實是我所指摘，現在都已由事實來證明的了，我那時不過說得略早幾天而已。是爲序。

一九三三年七月十九夜，於上海寓廬，魯迅記。」

⓮ 王平陵，本名仰高，以字行。江蘇溧陽人。生於一八九八年，卒於一九六四年，享年六十七歲。杭州省立師範學校畢業，一生提倡民族文學，主編文藝月刊。當時，供職中國國民黨中央書刊審查委員會。王氏曾撰寫一篇反「左聯」的文章，魯迅把它附在「僞自由書」一書中。是當時反共文章少數僅存中的一篇，特附錄於本篇之後。

⓯ 周木齋，江蘇常州人，這裏所說的「揭露」問題，是周木齋所作的「第四種人」，它附在「僞自由書」裏的「文人無文」之後。它的內容中曾說：「此外，聽說『何家幹』就是魯迅先生的筆名。」當時，魯迅由於參加「左聯」，文章是被禁止刊載的。所以，魯迅用化名發表文章，以蒙混檢查人員的耳目。王平陵先生和周木齋在本文中，都曾將何家幹是魯迅的筆名指出來。因此，魯迅認爲他們有告密之嫌，特別指出來，藉以煽動讀者。

魯迅在這「前記」裏，說明他的向「申報」副刊「自由談」的投稿，是由郁達夫介紹的。他投稿之後，「平均每月八九篇」。這裏所收的稿子都是在「自由談」發表的。

他並且在這篇「前記」裏，說明王平陵先生批評他的文章，是「告發於前」，周木齋批評他的文章是「揭發於後」。所謂「告發」和「揭發」，都是指他們把「何家幹」的化名揭穿，欲政府禁止其發表文章，魯迅特別把此事說出來，是希望博得讀者同情的。

(二) 關於「大晚報」

魯迅在「僞自由書」的「後記」中，首先說到「大晚報」。他首先說：

「我向『自由談』投稿的由來，『前記』裏已經說過了。到這裏，本文已完，而電燈尚明，蚊子暫靜，便用剪刀和筆，再來保存些因爲『自由談』和我而起的瑣聞，算是一點餘興。」繼而說到「大晚報」云：

「只要一看就知道，在我的發表短評時中，攻擊得最烈的是『大晚報』。這也並非和我前生有讎，是因爲引用了牠的文字。但我也並非和牠前生有讎，是因爲我所看的只有『申報』和『大晚報』兩種，而後者的文字往往頗覺新奇，値得引用，以消愁釋悶。卽如我的眼前，現在就有一張包了香煙來的三月三十日的舊『大晚報』在，其中有着這樣的一段——

『浦東人楊江生，年已四十有一，貌旣醜陋，人復貧窮，向爲泥水匠，曾傭於蘇州人盛寶山之泥水作場。盛有女名金弟，今方十五齡，而矮小異常，人亦猥瑣。昨晚八時，楊在虹口天潼路與盛相遇，楊姦其女。經捕頭向楊詢問，楊毫不抵賴，承認自去年一二八以後，連續行姦十餘次，當派探員將盛金弟送往醫院，由醫生驗明確非處女，今晨解送第一特區地方法院，經劉毓桂推事提審，捕房律師王耀堂以被告誘未滿十六歲之女子，雖其後數次皆係該女自往被告家相就，但按法亦應強姦罪論，應請訊究。旋傳女父盛寶山訊問，據稱初不知有此事，前晚因事責女後，女忽失蹤，直至昨晨纔歸，嚴詰之下，女始謂留住被告家，並將被告誘姦經過說明，我方得悉，故將被告扭入捕房云。繼由盛金弟陳述，與被告行姦，自去年二月至今，已有十餘次，每次均係被告將我喚去，並着我不可對父母說知云。質之楊江生供，盛女向呼我為叔，縱欲姦猶不忍下手，故絕對無此事，所謂十餘次者，係將盛女帶出遊玩之次數等語。劉推事以本案尚須調查，諭被告收押，改期再訊。』

「在記事裏分明可見，盛對於楊，並未說有『倫常』關係，楊供女稱之為『叔』，是中國的習慣，年長十年左右，往往稱為叔伯的。然而大晚報用了怎樣的題目呢？是四號和頭號字的——

『攔途扭往捕房控訴
乾叔姦姪女
女自稱被姦過十餘次
男指係遊玩並非風流』

「它在『叔』上添一『乾』字，於是『女』就化爲『姪女』，楊江生也因此成了『逆倫』或准『逆倫』的重犯了。中國之君子，歎人心之不古，憎匪人之逆倫，而惟恐人間沒有逆倫的故事，偏要用筆鋪張揚厲起來，以聳動低級趣味讀者的眼目。楊江生是泥水匠，無從看見，見了也無從抗辯，只得一任他們的編排，然而社會批評者是有指斥的任務的。但還不到指斥，單單引用了幾句奇文，他們便什麼『員外』什麼『警犬』的狂嗥起來，好像他們的一羣倒是吸風飲露，帶了自己的家私來給社會服務的志士。是的，社長我們是知道的，然而終於不知道誰是東家，就是究竟誰是『員外』，倘說既非商辦，又非官辦，則在報界裏是很難得的。但這秘密，在這裏不再研究牠也好。」

按：魯迅在這裏，列出實例，來批評「大晚報」的不通和玩弄新聞，以證實「大晚報」關於他的批評和新聞，也是不正確的，這便是魯迅反擊批評者的一種戰術。

(三) 關於「社會新聞」和「微言」

自「申報」的副刊「自由談」，刊載「左聯」作家的文稿之後，「社會新聞」⑯便將它改變

---

⑯ 「社會新聞」，是當時國民政府之下某單位所辦的刊物。一九三三年十月創刊。上海新光書店代售，先是三日刊，三月一卷，自一九三四年七月第八卷第一期起，改爲旬刊。它是以揭露「左聯」的秘密爲能事，尤其「左聯」份子用化名寫文章，它揭露的特別快。當時，「左聯」是違法的，因爲中共以「左

作風的由來，和在該刊發表文章的作家的內幕，揭露出來，惟該刊的作者，將有些不正確的消息，也撰文刊布，致使魯迅把它剪貼下來，在「後記」裏敍述。當然，有些消息也是「眞僞雜糅」的，例如「自由談」改革的原因。魯迅在「後記」裏說：

「和『大晚報』不相上下，注意於『自由談』的還有『社會新聞』。但手段巧妙得遠了，牠不用不能通或不願通的文章，而只驅使着眞僞雜糅的記事。卽如『自由談』的改革的原因，雖然斷不定所說是眞是假，我倒還是從牠那第二卷第十三期（二月七日出版）上看來的——

從「春秋」與「自由談」說起　　微　知

「中國文壇，本無新舊之分，但到了五四運動那年，陳獨秀在新青年上一聲號砲，別樹

（續前）聯」份子從事共黨地下活動。而中共亦視參加「左聯」的作家相等於黨員，一樣的過組織生活，一樣地去「散傳單」，貼標語，演講，到工廠去活動工人，等等，爲當時治安單位所不許，於是，到處偵查和逮捕「左聯」份子。

「左聯」份子就在此種情形之下，並未停止活動，反而更積極，從行動方面，招來災禍，——如被捕之類。但從作品方面，則用化名到處謀出路，他們自已辦的刊物，也都是「出出，禁禁」。在「申報」「自由談」投稿的「左聯」份子，都是用化名，以避免檢查人員的檢查，（當時報刊的稿件是先送審的）例如魯迅吧，就用了很多的化名。「社會新聞」的記者和作者，便專以分析化名爲能事，使「左聯」份子的稿件受影響，發表的刊物受影響。

魯迅當時，便把「社會新聞」的此種作風，在他出版雜文集時源源本本的揭示出來，爭取讀者的同情。使對政府發生誤會，這便是魯迅的老謀深算處。

一幟，提倡文學革命，胡適之、錢玄同、劉半農等，在後搖旗吶喊。這時中國青年外感外侮的壓迫，內受政治的刺激，失望與煩悶，爲了要求光明的出路，各種新思潮，遂受青年熱烈的擁護，使文學革命建了偉大的成功。從此之後，中國文壇新舊的界限，判若鴻溝；但舊文壇勢力在社會上有悠久的歷史，根深蒂固，一時不易動搖。那時舊文壇的機關雜誌，是著名的『禮拜六』。幾乎集了天下搖頭擺尾的文人，於『禮拜六』一爐！至『禮拜六』所刊的文字，十九是卿卿我我，哀哀唧唧的小說，把民族性陶醉萎靡到極點了！此卽所謂鴛鴦蝴蝶派的文字。其中如徐枕亞、吳雙熱、周瘦鵑等，尤以善談鴛鴦蝴蝶著名，周瘦鵑且爲禮拜六派之健將。這時新文壇對於舊勢力的大本營『禮拜六』，攻擊頗力，卒以新興勢力，實力單薄，舊派有封建社會爲背景，有恃無恐，兩不相讓，各行其是。此後新派如『文學研究會』，『創造社』等，陸續成立，人材漸衆，勢力漸厚，『禮拜六』應時勢之推移，終至『壽終正寢』！惟禮拜六派之殘餘分子，迄今猶四出活動，無肅清之望，上海各大報中之文藝編輯，至今大都仍是所謂鴛鴦蝴蝶派所把持。可是只要放眼在最近的出版界中，新舊文藝出版數量的可驚，已有使舊勢力不能抬頭之勢！禮拜六派文人之在今日，已不敢復以『禮拜六』的頭銜以相召號，蓋已至强弩之末的時期了！最近守舊的『申報』，忽將『自由談』編輯禮拜六派的巨子周瘦鵑撤職，換了一個新派作家黎烈文，這對於舊勢力當然是件非常的變動，遂形成了今日新舊文壇劇烈的衝突。周瘦鵑一方面策動各小報，對黎烈文作總攻擊，我們只要看陳逸梅主編的『金剛鑽』，主張周瘦鵑仍返『自由談』原位，讓黎烈文主編『春秋』，也足見舊派文人終不能忘情於已失的地盤，而另一方面周瘦鵑猶惴惴於他現有地位的危殆。周同時還硬拉非蘇州人的嚴獨鶴加入周所主持的純蘇州人的文藝團體『星社』，以爲拉攏而固地位之計。不圖舊派勢力的失敗，竟以周啓端。據我所聞：周的不能安於其位，也有原因：他平日對於選稿方面，太刻薄而私心，只要是認識的人投去的稿，不看內容，見篇即登；同時無名小卒或爲周所陌生的投稿者，則也不看內容，整堆的作爲字紙簍的俘虜。因周所編的刊物，總是幾個夾袋裏的人物，私心自用，以致內容糟不可言！外界對他的攻擊日甚，如許嘯天主編之『紅葉』，也對周有數次劇烈的抨擊，史量才爲了外界對他的不滿，所以才把他撤去。那知這次史量才的一動，周竟作了導火線，造成了今日新舊兩派短兵相接戰鬪愈烈的境界！以後想好戲還多，讀者請拭目俟之。

「但到二卷廿一期（三月三月）上，就已大驚小怪起來，爲『守舊文化的堡壘』的動搖惋惜——

左翼文化運動的抬頭　水手

「關於左翼文化運動，雖然受過各方面嚴厲的壓迫，及其內部的分裂，但近來又似乎漸漸抬起頭了。在上海，左翼文化在共產黨『聯絡同路人』的路線之下，的確是較前稍有起色。在雜誌方面，甚至連那些第一塊老牌雜誌，也左傾起來。胡愈之主編的『東方雜誌』，原是中國歷史最久的雜誌，也是最穩健不過的雜誌，可是據王雲五老闆的意見，胡愈之近來太左傾了，所以在愈之看過的樣子，他必須再重看一遍。但雖然是經過王老闆大刀闊斧的删改以後，『東方雜誌』依然還嫌太左傾，於是胡愈之的飯碗不能不打破，而由李某來接他的手了。又如『申報』的『自由談』在禮拜六派的周某主編之時，陳腐到太不像樣，但現在也在左聯手中了。魯迅與沈雁冰，現在已成了自由談的兩大臺柱了。東方雜誌是屬於商務印書館的，『自由談』是屬於『申報』的，商務印書館與申報館，是兩個守舊文化的堡壘，可是這兩個堡壘，現在似乎是開始動搖了，其餘自然是可想而知。此外，還有幾個中級的新的書局，也完全在左翼作家手中，如郭沫若、高語罕、丁曉先與沈雁冰等，都各自抓着了一個書局，而做其臺柱，這些都是著名的紅色人物，而書局老闆現在竟靠他們吃飯了。

……………………

「過了三星期，便確指魯迅與沈雁冰爲自由談的『臺柱』（三月廿四日第二卷第廿八期）——

黎烈文未入文總

『申報』『自由談』編輯黎烈文，係留法學生，爲一名不見於經傳之新進作家。自彼接辦『自由談』後，『自由談』之論調，爲之一變，而執筆爲文者，亦由『星社』『禮拜六』之舊式文人，易爲左翼普羅作家。現『自由談』資爲臺柱者，爲魯迅與沈雁冰兩氏，魯迅在『自由談』上發表文稿尤多，署名爲『何家幹』。除魯迅與沈雁冰外，其他作品，亦什九係左翼作家之作，如施蟄存、曹聚仁、李輝英是。一般人以『自由談』作文者均係中國左翼文化總同盟（簡稱文總），故疑黎氏本人，亦係文總中人，但黎氏對此，加以否認，謂彼並未加入文總，與以上諸人僅友誼關係云。

「又過了一個多月，則發見這兩人的『雄圖』（五月六日第三卷第十二期）了——

魯迅沈雁冰的雄圖

自從魯迅、沈雁冰等以『申報』『自由談』爲地盤，發抒陰陽怪氣的論調後，居然又能吸引羣衆，取得滿意的收穫了。在魯、沈的初衷，當然這是一種有作用的嘗試，想復與他們的文化運動。現在聽說，已到組織團體的火候了。

參加這個運動的台柱，除他們二人外有郁達夫、鄭振鐸等，交換意見的結果，認爲中國最早的文化運動，是以『語絲社』、『創造社』及『文學研究會』爲中心，而消散之後，『語絲』、『創造』的人分化太大了，惟有『文學研究會』的人大部分都還一致，——如王統照、葉紹鈞、徐雉之類。而沈雁冰及鄭振鐸，一向是文學研究派的主角，於是決定循此路線進行。最近，連田漢都願意率衆歸附，大概組會一事，已在必成，而且可以在五月中實現了。

「這些記載，於編輯者黎烈文是並無損害的，但另有一種小報式的期刊所謂『微言』⑰，却在『文

---

⑰ 「微言」，這是潘公展所創辦的刊物，是周刊，一九三三年五月創刊。潘公展當時的職務是上海市教育局局長。這個刊物的立場，當然是反共的。但它的內容，採取小報作風，不是從理論和文學作品取勝，亦是在製造「左聯」的消息，例如所舉的黎烈文，並不是「左聯」份子，以致貽笑於人。

壇進行曲』裏刊了這樣的記事——

『曹聚仁經黎烈文等介紹，已加入左聯。』（七月十五日，九期。）

這兩種刊物立說的差異，由於私怨之有無，是可不言而喻的。但『徵言』却更爲巧妙：要只用寥寥十六字，便並陷兩者，使都成爲必被壓迫或受難的人們。

「到五月初，對於『自由談』的壓迫，逐日嚴緊起來了，我的投稿，後來就接連的不能發表。但我以爲這並非因了『社會新聞』之類的告狀，倒是因爲這時正値禁談時事，而我的短評却時有對於時局的憤言；也並非僅在壓迫『自由談』，這時的壓迫，凡非官辦的刊物，所受之度大概是一樣的。但這時侯，最適宜的文章是鴛鴦蝴蝶的游泳和飛舞，而『自由談』可就難了，到五月廿五日，終於刊出了這樣的啓事——

編　輯　室

這年頭，說話難，搖筆桿尤難。這並不是說：『禍福無門，惟人自召』，實在是『天下有道』，『庶人』相應『不議』。編者謹掬一瓣心香，籲請海內文豪，從玆多談風月，少發牢騷，庶作者編者，兩蒙其休。若必論長議短，妄談大事，則塞之字簏既有所不忍，佈之報端又有所不能，陷編者於兩難之境，未免有失恕道。語云：識時務者爲俊傑，編者敢以此爲海內文豪告。區區苦衷，伏乞矜鑒！

編者

這現象，好像很得了「社會新聞」羣的滿足了，在第三卷廿一期（六月三日）裏的『文化秘聞』欄內，就有了如下的記載——

自由談態度轉變

『申報』『自由談』自黎烈文主編後，即吸收左翼作家魯迅、沈雁冰及烏鴉主義者曹聚仁等爲基本人員，一時論調不三不四，大爲讀者所不滿。且因嘲罵『禮拜五派』，而得罪張若谷等；抨擊『取消式』之社會主義理論，而與嚴靈峯等結怨；腰斬『時代與愛的歧途』，又招張資平派之反感，計黎主編自由談數月之結果，已形成一種壁壘，而此種壁壘，乃營業主義之『申報』所最忌者。又史老闆在外間亦耳聞有種種不滿之論調，乃特下警告，否則爲此則惟有解約。最後結果伙計當然屈伏於老闆，於是，『老話』，『小旦收場』之類之文字，已不復見於近日矣。

「而以前的五月十四日午後一時，還有了丁玲和潘梓年的失蹤⑱的事，大家多猜測爲遭了暗算，而這猜測也日益證實了。謠言也因此非常多，傳說某某也將同遭暗算的也有，接到警告或恐嚇信的也有。我沒有接到什麼信，只有一連五六日，有人打電話到內山書店⑲的支店去詢問我的住址。我以爲這些信件和電話，都不是實行暗算者們所做的，只不過幾個所謂文人的鬼把戲，就是『文壇』上，自然也會有這樣的人的。但倘有人怕麻煩，這小玩意是也發生些效力，六月九日

⑱丁玲，湖南常熟人，女作家，潘梓年，江蘇宜興人，哲學家，兩人都是「左聯」的重要份子，且從事「散傳單」之類的反政府工作。兩人同於一九三三年五月在上海被捕。

⑲內山書店，日本人內山完造在上海所開的書店，一九二九年後，魯迅曾借這書店作通訊處。

『自由談』上『遽廬絮語』⑳之後有一條下列的文章，我看便是那些鬼把戲的見效的證據了——

編者附告：昨得子展先生來信，現以全力從事某項著作，無暇旁鶩，遽廬絮語，就此完結㉑。

「終於，『大晚報』靜觀了月餘，在六月十一日的傍晚，從牠那文藝附刊的『火炬』上發出毫光來了，牠憤慨得很——

到底要不要自由

法 魯

久不曾提起的『自由』這問題，近來又有人在那裏大論特談，因爲國事總是熱辣辣的不好惹，索性莫談，死心再來談『風月』，可是『風月』又談得不稱心，不免喉底裏喃喃地漏出幾聲要『自由』，又覺得問題嚴重，喃喃幾句倒是可以，明言直語似有不便，於是正面問題不敢直接提起來論，大刀闊斧不好當面幌起來，却彎彎曲曲，兜着圈子，叫人摸不着稜角，摸着正面，却要把牠當做反面看，這原是看『幽默』文字的方法也。

心要自由，口又不明言，口不能代表心，可見這隻口本身已經是不自由的了。因爲不自由，所以才諷諷刺刺，一回兒『要自由』，一回兒又『不要自由』，過一回兒再『要不自由

⑳ 「遽廬絮語」，劄記連載，陳子展作。

㉑ 這就證明，陳子展受了「所謂文人的鬼把戲」——「警告或恐嚇的信」之類的「警告」，「嚇」得不敢撰寫了。這也是魯迅辱罵「社會新聞」及「微言」的作家或記者，博取讀者同情的文字。

的自由』和『自由的不自由』，翻來覆去，總叫頭腦簡單的人弄得『神經衰弱』，把捉不住中心。到底要不要自由？說清了，大家也好順風轉舵，免得悶在葫蘆裏，失掉聽懂的自由。我這個不是『雅人』的意思，還是粗粗直直地說：『咱們要自由，不自由就來拚個你死我活。』

本來『自由』並不是個非常問題，給大家一談，倒嚴重起來了。——問題到底是自己弄嚴重的，如再不使用大刀闊斧，將何以衝破這黑漆一團？細針短刺畢竟是雕蟲小技，無助於大題，譏刺嘲諷更已屬另一年代的老人所發的囈語。我們聰明的智識份子又何嘗不知道諷刺在這時代已失去效力，但是要想弄起刀斧，却又覺左右掣肘，在這一年代，科學發明，刀斧自然不及槍炮；生賤於蟻，本不足惜，無奈我們無能的智識份子偏吝惜他的生命何！

「這就是說，自由原不是什麼稀罕的東西，給你一談，倒談得難能可貴起來了。你對於時局，本不該彎彎曲曲的諷刺。現在他對於諷刺者，是『粗粗直直地』要求你去死亡。作者是一位心直口快的人，現在被別人累得『要不要自由』也摸不着頭腦了。

然而六月十八日晨八時十五分，是中國民權保障同盟的副會長楊杏佛（銓）㉒遭了暗殺。這總算拚了個『你死我活』，法魯先生不再在『火炬』上說亮話了。只有『社會新聞』，却在

㉒ 楊杏佛（一八九二——一九三三），名銓，江西臨江人，國民黨員，曾任東南大學教授，大學院副院長中央研究院總幹事等職，一九三三年參加中國民權保障同盟，被暴徒暗殺。因楊係蔡元培（當時的中央研究院院長）的部下，遽遭此事，頗引起後遺症。楊杏佛著有「楊杏佛講演集」、「杏佛文存」等書。

第四卷第一期（七月三日出）裏，還描出左翼作家的懦怯來——

左翼作家紛紛離滬

在五月，上海的左翼作家曾喧鬧一時，好像什麼都要染上紅色，文藝界全歸左翼。但在六月下旬，情勢顯然不同了，非左翼作家的反攻陣線布置完成，左翼的內部也起了分化，最近上海暗殺之風甚盛，文人的腦筋最敏銳，膽子最小而脚步最快，他們都以避暑爲名離開了上海。據確訊，魯迅赴青島，沈雁冰在浦東鄉間，郁達夫杭州，陳望道回家鄉，連蓬子、白薇之類的蹤跡都看不見了。〔道〕

「西湖是詩人避暑之地，牯嶺乃闊老消夏之區，神往尚且不敢，而況身遊。楊杏佛一死，別人也不會突然怕熱起來的㉓。聽說青島也是好地方，但這是梁實秋㉔教授傳道的聖境，我連遙望

㉓這時，魯迅不惟沒有離開上海，而且在上海幫助鄭振鐸等創刊了「文學」（一九三三年七月一日出版了創刊號），一九三三年五月時，魯迅的文章已不能在「自由談」刊載。就在這時，鄭振鐸從北平到上海，他建議恢復「小說月報」，改名「文學」。他的建議得到茅盾、胡愈之的支持，魯迅的贊助，「左聯」方面更是贊成。因而「文學」就創辦起來。須知茅盾、胡愈之、鄭振鐸，原來都是商務印書館的編輯。茅盾在一九二一年曾主持改革「小說月報」。從那時起，「小說月報」便成爲文學研究會的代用機關刊物。不到二年，茅盾被調職，改由鄭振鐸任主編，大家有共同的感覺，「小說月報」已比前較溫和，但仍爲經理兼編譯所所長王雲五所不容。一九三二年「一二八」淞滬抗日戰爭中，商務編譯所被炸，所有雜誌全部停刊，但戰後，其他雜誌均復刊，唯獨「小說月報」被王雲五壓制不予復刊。「東方雜誌」是復刊了的，由胡愈之主持並包辦一切，就是說王雲五不得干涉編務。但「東方雜誌」在一九

一下的眼福也沒有過。『道』先生有道，代我設想的恐怖，其實是不確的。否則，一羣流氓，幾枝手槍，眞可以治國平天下了。

「但是，嗅覺好像特別靈敏的『微言』，却在第九期（七月十五日出）上載着另一種消息——

自由的風月　　頑石

黎烈文主編之自由談，自宣布『祇談風月，少發牢騷』以後，而新進作家所投眞正談風月之稿，仍拒登載，最近所載者非老作家化名之諷刺文章，即其刺探們無聊之考古。聞此次辯論舊劇中的鑼鼓問題，署名『羅復』者，即陳子展，『何如』者，即曾經被捕之黃素。此

（續前）三三年新年，出了一個「新年夢想」的特輯，王雲五就把胡愈之革了職。

當時，鄭振鐸倡議創辦「文學」時，魯迅在一九三三年四月六日日記中記着：「三弟（周建人）偕西諦（鄭振鐸）來，即被邀至會賓樓晚飯，同席十五人。」就在這席上決定，「文學」編委會的名單爲九人，郁達夫、茅盾、胡愈之、洪深、陳望道、徐調孚、傅東華、葉紹鈞、鄭振鐸。魯迅不露名。鄭振鐸仍要留北平燕京大學任教，「文學」雜誌的編務由傅東華主持，黃源爲編校，發行則由胡愈之與生活書店接洽。從這編委的班子看，「文學研究會」的成員是多數，但爲首的茅盾和魯迅，已是公開的「左聯」成員，加上胡愈之、陳望道都是支持「左聯」的，所以「左聯」處於主導地位。黃源當時是文學青年，不是「左聯」的成員，也不是「文學研究會」的會員，但在傾向上是傾向「左聯」，所以，「文學」雜誌是被「左聯」控制的刊物。（黃源：「左聯與『文學』」——刊「新文學史料」第六輯頁六〇—六一。）

㉔ 梁實秋，浙江杭縣人，新月派重要份子，曾留學美國。此時，他任青島大學教授。曾批評魯迅，所以魯迅在雜文中經常向他刺上幾筆。

一筆糊塗官司，頗騙得稿費不少。

「這雖然也是一種『牢騷』，但『眞正談風月』和『曾經被捕』等字樣，我覺得是用得很有趣的。惜『化名』爲『頑石』，靈氣之不鍾於鼻子若我輩者，竟莫辨其爲『新進作家』『老作家』也。」

（四）關於「腰斬張資平」案

張資平㉕在「自由談」上有一篇長篇連載小說「時代與愛的歧路」，張資平爲創造社前期作家之一，但在此時已爲有名的「三角四角戀愛」小說作家，一般人目之爲「誨淫」的作家。黎烈文對他缺乏認識，在接編「自由談」之後，請他撰寫的，不想張資平的這種肉慾小說，爲讀者看不上眼，便毅然決然把它停止刊載，是謂「腰斬張資平」案。魯迅在「後記」裏說：

「『後記』本來也可以完結了，但還有應該提一下的，是所謂『腰斬張資平』案。」

㉕張資平，最初是創造社作家之一，不久，卽墮落爲色情小說作者，後脫離創造社，在抗戰時期，淪爲漢奸文人。「革命文學家」張資平「氏」，是他自己曾在所開的「樂群書店」上替自己吹噓的話。他的長篇小說「時代與愛的歧路」，自一九三二年十二月一日，在「自由談」開始連載，至一九三三年四月二十二日，「自由談」刊出編輯室啓事說：「本刊登載張資平先生之長篇創作「時代與愛的歧路」業已數月，近來時接讀者來信，表示倦意，本刊爲尊重讀者意見起見，自明日起將「時代與愛的歧路」停止刊載。」這事，當時曾被稱爲『腰斬張資平』。

「『自由談』上原登着這位作者的小說，沒有做完，就被停止了，有些小報上，便轟傳爲『腰斬張資平』。當時也許有和編輯者往復駁難的文章的，但我沒有留心，因此就沒有收集。現在手頭的只有『社會新聞』，第三卷第十三期（五月九日出）裏有一篇文章，據說是罪魁禍首又是我，如下——

張資平擠出「自由談」　　粹公

今日的『自由談』，是一塊有爲而爲的地盤，是『烏鴉』『阿Q』的播音台，當然用不着『三角四角戀愛』的張資平混跡其間，以至不得清一。

然而有人要問：爲什麼那個色慾狂的『迷羊』——郁達夫却能例外？他不是同張資平一樣發源於創造嗎？一樣唱着『妹妹我愛你』嗎？我可以告訴你，這的確是例外。因爲郁達夫雖則是個色慾狂，但他能流入『左聯』，認識『民權保障』的大人物，與今日『自由談』的後台老板魯（？）老夫子是同志，成爲『烏鴉』『阿Q』的伙伴了。

據『自由談』主編人黎烈文開革張資平的理由，是讀者對於『時代與愛的歧路』一文，發生了不滿之感，因此中途腰斬，這當然是一種遁詞。在肥胖得走油的申報館老闆，固然可以不惜幾千塊錢，買了十洋一千字的稿子去塞紙簏，但在靠賣文爲活的張資平，却比宣佈了死刑都可慘，他還得見見人呢！

而且『自由談』的寫稿，是在去年十一月，黎烈文請客席上，請他擔任的，即使魯（？）

先生要掃清地盤，似乎也應當客氣一些，而不能用此辣手。問題是這樣的，魯先生爲了要復興文藝（？）運動，當然第一步先須將一切的不同道者打倒，於是乃有批評曾今可、張若谷、章衣萍等爲『禮拜五派』之舉；張資平如若識相，自不難感覺到自己正酣臥在他們榻旁，而立刻滾蛋！無如十洋一千使他眷戀着，致觸了這個大霉頭。當然，打倒人是愈毒愈好，管他是死刑還是徒刑呢！

在張資平被擠出『自由談』之後，以常情論，誰都嚥不下這口冷水，不過張資平的闒儒是著名的，他爲了老婆小孩子之故，是不能同他們鬬爭，而且也不敢同他們擺好了陣營的集團去鬬爭，於是，僅僅在『中華日報』的小貢獻上，發了一條軟弱無力的冷箭，以作遮羞。

現在什麼事都沒有了，『紅蘿蔔鬚』已代了他的位置，而沈雁冰新組成的文藝觀摹團，將大批的移殖到『自由談』來。」

魯迅把「社會新聞」這一篇文章引出來，使讀者知道「社會新聞」所製造的「文藝界內幕新聞」，頗多推測之辭，意欲讀者對「社會新聞」的不諒解，並欲獲得讀者對他的同情。造成此種情形的，乃是「社會新聞」的反共，仍不脫離內幕消息的眞眞假假的老一套之故。「社會新聞」的此種手段，怎能令青年心悅誠服呢？

（五）關於「文藝座談」

由於「腰斬張資平」扯到魯迅，曾今可的「解放詞」，被魯迅撰文諷刺，當然又扯到魯迅。曾今可等要出版「文藝座談」刊物來「反攻」，遂引起魯迅的注意。魯迅在「後記」裏說：

「還有，是『自由談』上曾經攻擊過曾今可的『解放詞』，據『社會新聞』第三卷廿二期（六月六日出）說，原來却又是我在鬧的了，如下——

曾今可準備反攻

曾今可之爲魯迅等攻擊也，實至體無完膚，固無時不想反攻，特以力薄能鮮，難於如願耳！且知魯迅等有左聯作背景，人多手衆，此呼彼應，非孤軍抗戰所能抵禦，因亦着手拉攏，凡曾受魯等侮辱者更所歡迎。近已拉得張資平、胡懷琛、張鳳、龍榆生等十餘人，組織一文藝漫談會，假新時代書店爲地盤，計畫一專門對付左翼作家之半月刊，本月中旬卽能出版。

「那時我想，關於曾今可㉖，我雖然沒有寫過專文，但在『曲的解放』裏確曾涉及，也許可

㉖ 曾今可，曾發表一篇「詞的解放」，那是曾今可在「九一八」事變後，於「新時代」月刊發表一首新年詞（畫堂春），全文是：「一年開始日初長，客來慰我凄凉；偶然消遣本無妨，打打麻將。且喝乾杯中酒，國家事管他娘；樽前猶幸有紅粧，但不能狂！」因內容有「打打麻將，國事管他娘！」，魯迅在「曲的解放」中說：「『詞的解放』，已有過專號，詞裏可以罵娘，還可以『打打麻將』。曲爲什麼不能解放，也來混帳混帳？」如此，便是罵了曾今可了。因爲「混帳」如「混蛋」是罵人的。

以稱為『侮辱』罷；胡懷琛㉗雖然和我不相干，『自由談』上是嘲笑過他的『墨翟為印度人說』的。但張、龍兩位是怎麼的呢？彼此的關涉，在我的記憶上竟一點也沒有。這事直到我看見二卷二十六期的『濤聲』㉘，（七月八日出），疑團這才冰釋了——。

文藝座談遙領記

聚　仁

文藝座談者，曾詞人之反攻機關報也，遙者遠也，領者領情也，記者記不曾與座談，而遙領盛情之經過也。

解題既畢，乃述本事。

有一天，我到暨南去上課，休息室的檯子上赫然一個請帖；展而恭讀之，則新時代月刊

㉗ 胡懷琛（一八八六－一九三八），字寄塵，安徽涇縣人。曾編有「兒童詩歌」二冊。魯迅曾在「熱風」集子裏所收的「兒歌的『反動』」一文中諷刺他，因為他也是「熱風」裏所收的所謂『國學』一文中所說的「國學家」和「鴛鴦蝴蝶派」的小說家之一。他在一九二二年九月給鄭振鐸的信中曾攻擊新文學運動說：「提倡新文學的人，意思要改造中國的文學，但是這幾年來，不但沒收效，而且有些反動。」魯迅所說的「兒歌的『反動』」，便是針對這種言論而發的。胡懷琛當然是認為魯迅在罵他。一九二八年「東方雜誌」第二十五卷第八號發表有胡懷琛的「墨翟為印度人辨」，第十六號又發表他的「墨翟續辨」，後印成「墨子學辨」一冊，武斷的說墨翟是印度人，墨學是佛學的一旁支。一九三三年三月十日「自由談」發表玄（茅盾）的「何必解放」一文，其中有「前幾年有一位先生發見了墨翟是印度人，像煞有介事做了許多考證的話」，胡懷琛即認為這是「任意譏笑，有損個人的名譽」，寫信向編者提出責問。（「兒歌」及「偽自由書後記」之註釋）

㉘ 「濤聲」半月刊，曹聚仁主編，一九三二年八月創刊，一九三三年十一月停刊。

之請帖也，小子何幸，乃得此請帖！摺而藏之，以爲傳家之寶。

『新時代』請客而文藝座談生焉，而反攻之陣線成焉。報章煌煌記載，有名將在焉。我前天碰到張鳳老師，帶便問一個口訊；他說：『誰知道什麼座談不座談呢？他早又沒說，簽了名，第二天，報上都說是發起人啦。』昨天遇到龍榆生先生，龍先生說：『上海地方眞不容易做人，他們再三叫我去談談，只吃了一些茶點，就算數了；我又出不起廣告費。』我說：『吃了他家的茶，自然是他家人啦！』

我幸而沒有去吃，免於被强奸，遙領盛情，誌此謝謝！

「但這『文藝漫談會』的機關雜誌文藝座談第一期，却已經羅列了十多位作家的名字，於七月一日出版了。其中的一篇是專爲我而作的——

內山書店小坐記　白羽遐

某天的下午，我同一個朋友在上海北四川路散步。走着走着，就走到北四川路底了。我提議到虹口公園去看看，我的朋友却說先到內山書店去看看有沒有什麼新書。我們就進了內山書店。

內山書店是日本浪人內山完造開的，他表面是開書店，實在差不多是替日本政府做偵探。他每次和中國人談了點什麼話，馬上就報告日本領事館。這也已經成了『公開的秘密』了，只要是略微和內山書店接近的人都知道。

我和我的朋友隨便翻看着書報。內山看見我們就連忙跑過來和我們招呼，請我們坐下來，照例地閒談。因爲到內山書店來的中國人大多數是文人，內山也就知道點中國的文化。他常和中國人談中國文化及中國社會的情形，却不大談到中國的政治，自然是怕中國人對他懷疑。

『中國的事都要打折扣，文字也是一樣。「白髮三千丈」這就是一個天大的誑！這就得大打其折扣。中國的別的問題，也可以以此類推……哈哈！哈！』

內山的話我們聽了並不覺得一點難爲情，詩是不能用科學方法去批評的。內山不過是一個九州角落裏的小商人，一個暗探，我們除了用微笑去回答之外，自然不會拿什麼話語去向他聲辯了。不久以前，在『自由談』上看到何家幹先生的一篇文字，就是內山所說的那些話。原來所謂『思想界的權威』，所謂『文壇老將』，連一點這樣的文章都非『出自心裁』！

內山還和我們談了好些，『航空救國』等問題都談到，也有些是已由何家幹先生抄去在『自由談』發表過的。我們除了勉强敷衍他之外，不大講什麼話，不想理他。因爲我們知道內山是個什麼東西，而我們又沒有請他救過命，保過險，以後也決不預備請他救命或保險。

我同我的朋友出了內山書店，又散步到虹口公園去了。

「不到一禮拜（七月六日），社會新聞（第四卷二期）就加以應援，並且廓大到『左聯』去了。其中的『茅盾』，是本該寫作『魯迅』的故意的錯誤，爲的是令人不疑爲出於同一人的手筆——

內山書店與左聯

『文藝座談』第一期上說，日本浪人內山完造在上海開書店，是偵探作用，這是確屬的，而尤其與左聯有緣。記得郭沫若由漢逃滬，卽匿內山書店樓上，後又代爲買船票渡日。茅盾在風聲緊急時，亦以內山書店爲惟一避難所，然則該書店之作用究何在者？蓋中國之有共匪，日本之利也，所以日本雜誌所載調查中國匪情文字，比中國自身所知者爲多，而此類材料之獲得，半由受過救命之恩之共黨文藝份子所供給；半由共黨自行送去，爲張揚勢力之用，而無聊文人爲其收買甘願爲其刺探者亦大有人在。聞此種偵探機關，除內山以外，尙有『日日新聞社』、『滿鐵調查所』等，而著名偵探除內山完造外，亦有田中、小島、中村等。

新皖

「這兩篇文章中，有兩種新花樣：一、先前的誣衊者，都說左翼作家是受蘇聯的盧布的，現在則變了日本的間接偵探；二、先前的揭發者，說人抄襲是一定根據書本的，現在却可以從別人的嘴裏聽來，專憑他的耳朵了。至於『內山書店』，三年以來，我確是常去坐，檢書談話，比和上海的有些所謂文人相對還安心，因爲我確信他做生意，是要賺錢的，却不做偵探；他賣書，是要賺錢的，却不賣人血。這一點，倒是凡有自以爲人，而其實是狗也不如的文人們應該竭力學學的！」

(六) 關於「文人無行」

——張資平啓事中「姐妹嫁作商人妾，謀得一編輯以自豪」的問題——

關於張資平、曾今可等人的問題，引起了「自由談」發表了「談文人無行」的文章。以致惹起張資平的光火，竟在「啓事」中影射「自由談」編輯黎烈文有「姐妹嫁作商人妾」。這種無根的謠言，的確證實了「文人無行」。魯迅在「後記」中說：

「但也有人來抱不平了，七月五日的『自由談』上，竟揭載了這樣的一篇文字——

談「文人無行」

谷春帆

雖說自己也忝列於所謂『文人』之『林』，但近來對於『文人無行』這句話，却頗表示幾分同意，而對於『人心不古』，『世風日下』的感喟，也不完全視爲『道學先生』的偏激之言。實在，今日『人心』險毒得太令人可怕了，尤其是所謂『文人』，想得出，做得到，種種卑劣行爲如陰謀中傷，造謠誣蔑，公開告密，賣友求榮，賣身投靠的勾當，舉不勝舉。而在另一方面自吹自擂，覥然以『天才』與『作家』自命，偷竊他人唾餘，還沾沾自喜的種種怪象，也是『無醜不備有惡皆臻』，對着這些痛心的事實，我們還能够否認『文人無行』這句話的相當眞實嗎？（自然，我也並不是說凡文人皆無行）。我們能不興起『世道人心』的感喟嗎？

自然，我這樣的感觸並不是毫沒來由的。舉實事來說，過去有曾某其人者，硬以『管他娘』與『打打麻將』等屁話來實行其所謂『詞的解放』，被人斥為『輕薄少年』與『色情狂的急色兒』，曾某却嘮嘮叨叨辯個不休，現在呢，新的事實又證明了曾某不僅是一個輕薄少年，而且是陰毒可憎的蛇蝎，他可以借崔萬秋的名字為自己吹牛（見二月崔在本報所登廣告），甚至硬把日本一個打字女和一個中學教員派做『女詩人』和『大學教授』，把自己吹捧得無微不至；他可以用最卑劣的手段投稿於小報，指他的朋友為×××，並公佈其住址，把朋友公開出賣（見第五號『中外書報新聞㉙』）這樣的大膽，這樣的陰毒，這樣的無聊，實在使我不能相信這是一個有廉恥有人格的『人』——尤其是『文人』，所能做出。然而曾某却眞想得到，眞做得出，我想任何人當不能不佩服曾某的大無畏的精神。

聽說曾某年紀還不大，也並不是沒有讀書的機會，我想假如曾某能把那種吹牛拍馬的精力和那種陰毒機巧的心思用到求實學一點上，所得不是要更多些嗎？然而曾某却偏要日以吹拍為事，日以造謠中傷為事，這，一方面固愈足以顯曾某之可怕，另一方面亦正見青年自誤之可惜。

不過，話說回頭，就是受過高等教育的也未必一定能束身自好，比如以專寫三角戀愛小

㉙「中外書報新聞」，一九三三年六月開始出版的，以書刊廣告為主，兼載文壇消息的一種周刊，包可華主編，中外出版公司發行。

說出名，並發了財的張××，彼固動輒以日本某校出身自炫者，然而他最近也會在一些小報上潑辣叫嘷，完全一副滿懷毒恨的『棄婦』的臉孔，他會陰謀中傷，造謠挑撥，他會硬派人像布哈林或列寧，簡直想要置你於死地，其人格之卑汚，手段之惡辣，可說空前絕後，這樣看來，高等教育又有何用？還有新出版之某無聊刊物上有署名『白羽遐』者作內山書店小坐記一文，公然說某人常到內山書店，曾請內山書店救過命保過險。我想，這種公開告密的勾當，大概也就是一流人化名玩出的花樣。

然而無論他們怎樣造謠中傷，怎樣陰謀陷害，明眼人一見便知，害人不着，不過徒然暴露他們自己的卑汚與無人格而已。

但，我想，『有行』的『文人』，對於這班醜類，實在不應當像現在一樣，始終置之不理，而應當振臂奮起，把牠們驅逐於文壇以外，應當在汚穢不堪的中國文壇，做一番掃除的工作！」

「於是禍水就又引到『自由談』上去，在次日的『時事新報』上，便看見一則啓事，是方寸大字的標名——

張資平啓事

五日『申報自由談』之『談文人無行』，後段大概是指我而說的。我是坐不改名，行不改姓的人，縱令有時用其他筆名，但所發表文字，均自負責，此須申明者一；白羽遐另有其人，至『內山小坐記』亦不見是怎樣壞的作品，但非出我筆，我未便承認，此須申明者二；我所寫文章均出自信，而發見關於政治上主張及國際情勢之研究有錯覺及亂視者，均不惜加以糾正。至於『造謠僞造信件及對於意見不同之人，任意加以誣毀』皆爲我生平所反對，此須申明者三；我不單無資本家的出版者爲我後援，又無姐妹嫁作大商人爲妾，以謀得一編輯以自豪㉚，更進而行其『誣毀造謠假造信件』等卑劣的行動。我連想發表些關於對政治對國際情勢之見解，都無從發表，故凡容納我的這類文章之刊物，我均願意投稿。但對於該刊物之其他文字則不能負責，此須申明者四。今後凡有利用以資本家爲背景之刊物對我誣毀者，我只視作狗吠，不再答覆，特此申明。

「這很明白，除我而外，大部分是對於『自由談』編輯者黎烈文的。所以又次日的『時事新報』上，也登出相對的啓事來——

黎烈文啓事

烈文去歲遊歐歸來，客居滬上，因申報總理史量才先生係世交長輩，故常往訪候，史先生以烈文未曾入過任何黨派，且留歐時專治文學，故令加入『申報館』編輯『自由談』。不

㉚ 張資平以黎烈文「腰斬」他的長篇小說，故在「啓事」中說：「又無姐妹嫁作大商人爲妾，以謀得一編輯以自豪」，顯然是指黎烈文，自畫自像，——品格不高。按：此事亦係烈文少不更事之故，假如事前通知張某迅速結束他的小說，而不以「腰斬」出之，便可避免此一無賴的糾纏，副刊編者當以此爲「鏡」。

料近兩月來，有三角戀愛小說商張資平，因烈文停登其長篇小說，懷恨入骨，常在各大小刊物，造謠誣衊，挑撥陷害，無所不至，烈文因其手段與目的過於卑劣，明眼人一見自知，不值一辯，故至今絕未置答，但張氏昨日又在『青光欄』上登一啓事，含沙射影，肆意誣毀，其中有『又無姐妹嫁作大商人爲妾』一語，不知何指。張氏啓事既係對『自由談』而發，而烈文現爲『自由談』編輯人，自不得不有所表白，以釋羣疑。烈文只胞妹兩人，長應元未嫁早死，次友元現在長沙某校讀書，亦未嫁人，均未出過湖南一步。且據烈文所知，湘潭黎氏同族姐妹中不論親疏遠近，既無一人嫁人爲妾，亦無一人得與『大商人』結婚㉛，張某之言，或係一種由衷的遺憾（沒有姐妹嫁作大商人爲妾的遺憾），或另有所指，或係一種病的發作，有如瘋犬狂吠，則非烈文所知耳。

「此後還有幾個啓事，避煩不再剪貼了。總之：較關緊要的問題是，是『姐妹嫁作大商人爲妾』者是誰？但這事須問『行不改名，坐不改姓』的好漢張資平本人纔知道。

可是中國眞也還有好事之徒，竟有人不怕中暑的跑到眞茹的『望歲小農居』這洋樓底下去請教他了。『訪問記』登在『中外書報新聞』的第七號（七月十五日出）上，下面是關於『爲妾』問題等的一段——

㉛ 黎烈文在「啓事」中，以事實證明他無姐妹嫁作大商人作妾，益顯得張資平的卑劣，以此等人反共，怎能獲得讀者的同情？「社會新聞」以張資平的事件，大做文章，不能不說是失策。

(四)啓事中的疑問

以上這些話還祇是講刊登及停載的經過，接着，我便請他解答啓事中的幾個疑問。

『對於你的啓事中，有許多話，外人看了不明白，能不能讓我問一問？』

『是那幾句？』

『「姐妹嫁作商人妾」，這不知道有沒有什麼影射？』

『這是黎烈文他自己多心，我不過順便在啓事中，另外指一個人。』

『那個人是誰呢？』

『那不能公開。』自然他既然說了不能公開的話，也就不便追問了。

『還有一點，你所謂「想發表些關於對政治對國際情勢之見解都無從發表」，這又何所指？』

『那是講我在文藝以外的政治見解的東西，隨筆一類的東西。』

『是不是像『新時代』上的「望歲小農居日記」一樣的東西呢？』（參看新時代七月號）我插問。

『那是對於魯迅的批評，我所說的是對政治的見解，「文藝座談」上面有。』（參看「文藝座談」一卷一期「從早上到下午」。）

『對於魯迅的什麼批評？』

『這是題外的事情了，我看關於這個，請你還是不發表好了。』

「這眞是『胸中不正，則眸子眊焉』，寥寥幾筆，就畫出了這位文學家的嘴臉。『社會新聞』說他『闒儒』，固然意在博得社會上『濟弱扶傾』的同情，不足置信，但啓事上的自白，却也須照中國文學上的例子，大打折扣的（倘白羽遐先生『某天』又到『內山書店小坐』，一定又會從老板口頭聽到），因爲他自己在『行不改姓』之後，也就說『縱令有時用其他筆名』，雖然『但所發表文字，均自負責』，而無奈『還是不發表好了』何？但既然『還是不發表好了』，則關於我的一筆，我也就不再深論了。」

（七）關於「文藝座談」主人曾今可的形象

曾今可的「打打麻將」詞，被攻擊之後，他聲言要「準備反攻」，却不見怎麼「反攻」，而竟玩弄「告密」的玩意，於是，更失去了讀者，這是他自己破壞了自己的作家形象。魯迅抓住了他這一點，在「後記」裏說：

「一枝筆不能兼寫兩件事，以前我實在閑却了『文藝座談』的座主，『解放詞人』曾今可先生了。但寫起來却又很簡單，他除了『準備反攻』之外，只在玩『告密』的玩藝。

「崔萬秋㉜先生和這位詞人，原先是相識的，只爲了一點小糾葛，他便匿名向小報投稿，誣陷老朋友去了。不幸原稿偏落在崔萬秋先生的手裏，製成銅板，在『中外書報新聞』（五號）上精印了出來——

崔萬秋加入國家主義派

大晚報屁股編輯崔萬秋自日回國，卽住在愚園坊六十八號左舜生家，旋卽由左與王造時介紹於『大晚報』工作。近爲國家主義及廣東方面宣傳極力，夜則留連於舞場或八仙橋莊上云。

「有罪案，有住址，逮捕起來是很容易的。而同時又診出了一點小毛病，是這位詞人曾經用了崔萬秋的名字，自己大做了一通自己的詩的序，而在自己所做的序裏又大稱贊了一通自己的詩。輕恙重症，同時夾攻，漸使這柔嫩的詩人兼詞人站不住，他要下野了，而在『時事新報』（七月十日）上卻又是一個啓事，好像這時的文壇是入了『啓事時代』似的——

曾今可啓事

鄙人不日離滬旅行，且將脫離文字生活。以後對於別人對我造謠誣衊，一概置之不理。這年頭，只許强者打，不許弱者叫，我自然沒有什麼話可說。我承認我是一個弱者，我無

㉜崔萬秋，當時「大晚報」副刊編輯，曾留學日本，譯有武者小路實篤的「母與子」等小說。

力反抗，我將在英雄們勝利的笑聲中悄悄地離開這文壇。如果有人笑我是『儒夫』，我只當他是尊我爲「英雄」。此啓㉝。

「這就完了，但我以爲文字是有趣的，結末兩句，尤爲出色。

「我剪貼在上面的『談文人無行』，其實就是這曾、張兩案的合論。但由我看來，這事件却還要壞一點，便也做了一點短評，投給『自由談』。久而久之，不見登出，索回原稿，油墨手印滿紙，這便是曾經排過，又被誰抽掉了的證據，可見縱『無姐妹嫁作大商人爲妾』，『資本家的出版者』也還是爲這一類名公『後援』的。但也許因爲恐怕得罪名公，就會立刻給你戴上一頂紅帽子，爲性命計，不如不登的也難說。現在就抄在這裏罷——

駁「文人無行」

『文人』這一塊大招牌，是極容易騙人的。雖在現在，社會上的輕賤文人，實在還不如所謂『文人』的自欺自賤之甚。看見只要是『人』，就決不肯做的事情，論者還不過說他『無行』，解爲『瘋人』，恕其『可憐』。其實他們却原是販子，也一向聰明絕頂，以前的種種，無非『生意經』，現在的種種，也並不是『無行』，倒是他要『改行』了。

生意的衰微使他要『改行』。雖是極低劣的三角戀愛小說，也可以賣掉一批的。我們在

㉝ 曾今可經崔萬秋將他「誣陷老朋友」的投稿，一揭發，便無顏再在上海混了，在「啓事」中說他要「離滬遠行」「悄悄地離開這文壇」了。靠這些人反「左聯」怎麼可以？

夜裏走過馬路邊，常常會遇見小癟三從暗中來，鬼鬼祟祟的問道：『阿要春宮？阿要春宮？中國的，東洋的，西洋的，都有。阿要勿？』生意也並不清淡。上當的是初到上海的青年和鄉下人。然而這至多也不過四五回，他們看過幾套，就覺得討厭，甚且要作嘔了，無論你『中國的，東洋的，西洋的，都有』也無效。而且因時勢的遷移，讀書界也起了變化，一部份是不要再看這樣的東西了；一部份是簡直去跳舞，去嫖妓，因爲所化的錢，比買手淫小說全集還便宜。這就使三角家之類覺得沒落。我們不要以爲造成了洋房，人就會滿足的，每一個兒子，至少還得給他賺下十萬塊錢呢。

於是乎暴躁起來。然而三角上面，是沒有出路了的。於是勾結一批同類，開茶會，辦小報，造謠言，其甚者還竟至於賣朋友，好像他們的鴻篇鉅製的不再有人賞識，只是因爲有幾個人用一手掩盡了天下人的眼目似的。但不要誤解，以爲他眞在這樣想。他是聰明絕頂，其實並不在這樣想的，現在這副嘴臉，也還是一種『生意經』，用三角鑽出來的活路。總而言之，就是現在只好經營這一種買賣，才又可以賺些錢。

譬如說罷，有些『第三種人』也曾做過『革命文學家』，藉此開張書店，呑過郭沫若的許多版稅，現在所住的洋房，有一部份還是郭沫若的血汗所裝飾的。此刻那裏還能做這樣的生意呢？此刻要合夥攻擊左翼，並且造謠陷害了知道他們的行爲的人，自己才是一個乾淨剛直的作者，而況告密式的投稿，還可以大賺一注錢呢？

先前的手淫小說，還是下部的勾當，但此路已經不通，必須上進才是，而人們——尤其是他的舊相識——的頭顱就危險了。這那裏是單單的『無行』文人所能做得出來的？

「上文所說，有幾處自然好像帶着了曾今可、張資平這一流，但以前的『腰斬張資平』，却的確不是我的意見。這位作家的大作，我自己是不要看的，理由很簡單：我腦子裏不要三角四角的這許多角。倘有青年來問我可看與否，我是勸他不必看的，理由也很簡單；他腦子裏也不必有三角四角的那許多角。若夫他自在投稿取費，出版賣錢，卽使他無須養活老婆兒子，我也滿不管，理由也很簡單：我是從不想到他那些三角四角的角不完的許多角的。

然而多角之輩，竟謂我策動『腰斬張資平』。既謂矣，我乃簡直以X光照其五臟六腑了。」

（八）關於「揭起小資產戰鬪之旗的楊邨人」

楊邨人㉞以柳絲的化名，撰寫「新儒林外史」，但內容却是「封神演義」裏面的鬼話，致使

㉞楊邨人，廣東人，一九二八年曾參加太陽社，並加入中國共產黨，一九三二年脫離共產黨。楊邨人於一九三〇年在他自己所辦的「白話小報」第一期上，以「文壇小卒」的筆名發表「魯迅大開湯餅會」一文，對魯迅造謠——因爲根本無此事——說：「這時恰巧魯迅大師領到當今國民政府教育部大學院的獎賞，於是乎，湯餅會便開成了。……這日魯迅大師的湯餅會到會的來賓，都是上海聞人，鴻儒碩士，大小文學家呢。那位郁達夫先生本是安徽大學負有責任的，聽到這個喜訊，亦從安慶府連夜坐船東下呢。郁達夫在去年就產下了一個虎兒，這日帶了郁達夫夫人抱了小娃娃到會，會場空氣倍加熱鬧。酒飲

原意的「諷刺」，減了顏色。可見「諷刺」也是要有才能，方可以辦到的。魯迅在「後記」裏說：

「『後記』這回本來也眞可以完結了，但且住，還有一點餘興的餘興。因爲剪下的材料中，還留着一篇妙文，倘使任其散失，是極爲可惜的，所以特地將牠保存在這裏。

這篇文章載在六月十七日『大晚報』的『火炬』裏——

新儒林外史 柳絲

第一回 揭旗紮空營 興師佈迷陣

却說卡爾和伊理基兩人這日正在天堂以上討論中國革命問題，忽見下界中國文壇的大戈壁上面，殺氣騰騰，塵沙瀰漫，左翼防區裏面，一位老將緊追一位小將，戰鼓震天，喊聲四起，忽然那位老將牙縫開處，吐出一道白霧，卡爾聞到氣味立刻暈倒，伊理基拍案大怒道：『毒瓦斯，毒瓦斯！』扶着卡爾趕快走開去了。原來下界中國文壇的大戈壁上面，左翼防區裏頭，近來新紮一座空營，揭起小資產階級革命文學之旗，無產階級文藝營壘受了奸人挑

（續前）三巡，郁先生首先站起來致祝辭，大家都對魯迅大師恭喜一杯，魯迅大師謙遜着致詞說是小囝將來是龍是犬還未可知，各位今天不必怎樣的慶祝啦。座中楊騷大爺和白薇女士同聲叫道，一定是一個龍兒呀！這一句倒引起郁先生的傷感，他前年不幸夭殤的兒子，名字就叫龍兒呢！」楊邨人如欲批判魯迅，應批判其作品，假如對其行爲有所批評，亦應就事實出發，不能造謠，一造謠就失去讀者對造謠者的信心了。

撥，大興問罪之師。這日大軍壓境，新桀空營的主將兼官佐又兼士兵楊邨人提起筆槍，躍馬相迎，只見得戰鼓震天，喊聲四起，爲首先鋒揚刀躍馬而來，乃老將魯迅是也。那楊邨人打拱，叫聲『老將軍別來無恙？』老將魯迅並不答話，躍馬直衝揚刀便刺，那楊邨人筆槍擋住又道：『老將有話好講，何必動起干戈？小將別樹一幟，自桀空營，只因事起倉卒，未及呈請指揮，並非倒戈相向，實則獨當一面，此心此志，天人共鑒。老將軍試思左翼諸將，空言克服，驕盈自滿，戰術既不研究，武器又不製造。臨陣則軍容不整，出馬則拖槍而逃，如果長此以往，何以維持威信？老將軍整頓紀綱之不暇，勞師遠征，竊以爲大大對不起革命羣衆的呵！』老將魯迅又不答話，圓睜環眼，倒豎虎鬚，只見得從他的牙縫裏頭噓出一道白霧，那小將楊邨人知道老將放出毒瓦斯，說的遲那時快，已經將防毒面具戴好了，正是：情感作用無理講，是非不明只天知！欲知老將究竟能不能將毒瓦斯悶死那小將，且待下回分解。

「第二天就收到一封編輯者的信，大意說：玆有署名柳絲者（『先生讀其文之內容或不難想像其爲何人』）投一滑稽文稿，題爲『新儒林外史』，但並無傷及個人名譽之事，業已決定爲之發表，倘有反駁文章，亦可登載云云。使刊物暫時化爲戰場，熱鬧一通，是辦報人的一種極普通辦法，近來我更加『世故』，天氣又這麼熱，當然不會去流汗同翻筋斗的。況且『反駁』滑稽文章，也是一種少有的奇事，卽使『傷及個人名譽事』，我也沒有辦法，除非我也作一部『舊儒林外史』，來辯明『卡爾和伊理基』的話的眞假。但我並不是巫師，又怎麼看得見『天堂』？「柳絲」是楊邨人先生還在做『無產階級革命文學者』時候已經用起的筆名，這無須看內容就知道，而曾幾何時，就在『小資產階級革命文學』的旗子下做着這樣的幻夢，將自己寫成了這麼一副形容了。時代的巨輪，眞是能够這麼冷酷地將人們輾碎的。但也幸而有這一輾，因爲韓侍桁㉟先生倒因此從這位『小將』的腔子裏看見了『良心』了。

這作品只是第一回，當然沒有完，我雖然毫不想『反駁』，却也願意看看這有『良心』的文學，不料從此就不見了，迄今已有月餘，聽不到『卡爾和伊理基』在『天堂』上和『老將』『小將』在『地獄』裏的消息。但據『社會新聞』（七月九日，四卷三期）說，則又是『左聯』阻止的——

楊邨人轉入AB團

叛左聯而寫揭小資產戰鬭之旗的楊邨人，近已由漢來滬，聞寄居於AB團小卒徐翔之家，並已加入該團活動矣。前在『大晚報』署名柳絲所發表的『新封神榜』一文，即楊手筆，內對魯迅大加諷刺，但未完即止，聞因受左聯警告云。〔預〕

㉟ 韓侍桁，在楊邨人發表了「離開政黨生活的戰壕」和「揭起小資產階級革命文學之旗」後，他也寫了一篇「揭起小資產階級革命文學之旗」，其中說楊邨人是：「一個忠實者，一個不欺騙團體的忠實者。」他的言論是「一個純粹求眞理的知識者的文學上的講話」。因楊邨人曾寫文章造謠，遂亦影響了韓侍桁文章的份量。韓又名云浦，一九〇八年生，天津人。一九二八—二九年留學日本。

「左聯會這麼看重一篇『諷刺』的東西，而且仍會給『叛左聯而寫揭小資產戰鬥之旗的楊邨人』以『警告』，這才眞是一件奇事。據有些人說，『第三種人』的『忠實於自己的藝術』，是已經因了左翼理論家的凶惡的批評而寫不出來了㊱，現在這『小資產戰鬥』的英雄，又因了左聯的警告而不再『戰鬭』，我想，再過幾時，則一切割地呑款，兵禍水災，古物失蹤，瀾人生病，也要都成爲左聯之罪，尤其是魯迅之罪了。」

（九）關於蔣光慈等「革命文學家」者

魯迅在這一篇「後記」中，先將「左聯」之外的王平陵、周木齋、「大晚報」、「社會新聞」、「微言」、梁實秋、張資平、曾今可、胡懷琛、「中外書報新聞」，以及楊邨人和韓侍桁等人和刊物，根據他們的文章或紀事，加以剪貼分析。令人看來，這一羣人和刊物，都不是魯迅的對手。

同時，他們對付魯迅和「左聯」，又不用正當的手段，僅用「告密」式的文字，或「捕風捉影」式的紀事來對付——如此一來，魯迅或「左聯」，在行動方面，雖然受到限制——當時的

㊱蘇汶，在一九三二年十月「現代」雜誌第一卷第六號上發表「第三種人的出路」，說：因爲「左翼指導理論家們不管三七廿一地把資產階級這個惡名稱加到他們頭上去」，所以「第三種人」將「永遠地沉默，長期地擱筆」了。

「左聯」是違法的——但在文學方面却得到同情。以致從事反左聯的屬於政府以及自由民主的團體和個人底文藝漸漸吃了大虧。這種情形的來龍去脈，蔣夢麟先生曾有說明道：

「初期的文化運動，根本上是民主的科學的，慢慢地因爲這抽象的民主科學不能解決實際問題，青年心理便有點動搖起來了，俄國思想便趁這個機會滲入。於是，他們利用民主的潮流，掌握了領導羣衆的實權。所以共產黨現在還在利用着民主的口號。但他們的所謂民主是無產階級專政，並不是眞正的民主，不過盜用了民主這個名詞罷了。因爲那時民主這一名詞，已經深植在青年們的心裏，不能再放棄了。共產黨便利用這個方法把青年們引渡到無產階級專政的一邊去。所以我國後期的文藝發展，是受俄國共產主義的影響而推動的。這種心理的形成等於爲共產黨舖了一條路。我國文藝發展到這種趨勢，政府方面因不懂得本國社會日趨沒落的背景和國際巧妙精密的陰謀，故祇用兩個簡單的辦法去應付：一個辦法是禁封書局、抓人。結果愈禁，人家愈要看。抓人的範圍愈廣，便把鱔魚當蛇，一齊捉起來，鱔魚也從此對蛇表同情了。另一個辦法是自己來創作文藝。但這種作品，由於政府自己對社會上各種問題負有責任，病者諱疾，而且和廣大的民衆脫了節，對於社會不滿意的情緒，知之不深，覺之不切。因此我們的文藝作品都是些不痛不癢的東西。後來共產黨把文藝移花接木地從西歐思想變成了俄國思想，從此民主思想變成了階級思想，個性主義變成了集體主義。這一來共產黨的勢力在文藝界便強大起來；而眞講民主思想的文藝，便慢慢的與實際政治脫離，祇好以文藝爲文藝，或講歷史，或講考據，都鑽入了各人的象牙之塔。共產黨呢？不論是工人羣衆或知識青年，從城鎭到農村都被他們滲透進去。等到我們察覺時，共產主義思想已經瀰漫全國了。這種思想和俄共土共兩個軍力聯合起來，結成三位一體，使我們喫了大虧。」㊲

大形勢如此，他們用文藝作品與「左聯」對抗，因爲有些話不能講，都是些「不痛不癢的東西」，所以失去讀者；而「左聯」的東西呢，有些作品亦是特別的幼稚，不值得一讀，而另以苦難的遭遇博取同情。所以在有些文藝作品方面，「左聯」不能取勝，但在遭遇方面，却是站在勝利的一面，讀者基於「同情弱者」的心理，他們（反左聯者）又失去了同情。

魯迅是何等聰明的人，他之所以受「創」「太」二社的請求，參加「左聯」，便是想站在時代前面，更不想失去讀者的關係所致。但，仍不能忘記「創」「太」二社「圍剿」的舊恨，經常筆頭一轉，便帶上一筆，加以諷刺。魯迅在「後記」裏說：

「現在使我記起了蔣光慈先生。

「事情是早已過去，恐怕有四五年了，當蔣光慈先生組織『太陽社』，和『創造社』聯盟，率領『小將』來圍剿我的時候，他曾經做過一篇文章，其中有幾句，大意是說，魯迅向來未曾受人攻擊，自以爲不可一世，現在要給他知道了。其實這是錯誤的，我自作評論以來，卽無時不受

㊲ 蔣夢麟「談中國新文藝運動」。此處引自劉心皇著「現代中國文學史話」（正中版）頁四八四—四八五。

攻擊，卽如這三四月中，僅僅關於『自由談』的，就有這許多篇，而且我所收錄的，還不過一部份。先前何嘗不如此呢，但他們都與如駛的流光一同消逝，無蹤無影，不再爲別人所覺察罷了。這回趁幾種刊物還在手頭，便轉載一部份到『後記』裏，這其實也並非專爲我自己，戰鬪正未有窮期，老譜將不斷的襲用，對于別人的攻擊，想來也還要用這一類的方法，但自然要改變了所攻擊的人名。將來的戰鬪的青年，倘在類似的境遇中，能偶然看見這記錄，我想是必能開顏一笑，更明白所謂敵人者是怎樣的東西的。

『所引的文字中，我以爲很有些篇，倒是出於先前的『革命文學者』。但他們現在是另一個筆名，另一副嘴臉了。這也是必然的。革命文學家若不想以他的文學，助革命更加深化，展開，却藉革命來推銷他自己的『文學』，則革命高揚的時候，他正是獅子身中的害蟲㊳，而革命一受難，就一定要發現以前的『良心』，或以『孝子』㊴之名。或以『人道』㊵之名，或以『比正在受難

㊳ 獅子身上的害蟲，原爲佛家的譬喻，指比丘中破壞佛法的壞分子，見隋朝那連提黎耶舍譯「蓮華西經」上卷；「阿難，譬如獅子命絕身死，若空、若地、若水、若陸所有衆生，不噉食彼獅子身肉，唯獅子身自生諸蟲，還自噉食獅子之肉。阿難，我之佛法非余能壞，是我法中諸惡比丘；猶如毒刺，破我三阿僧，祇刼積行勤苦所集佛法。」這裡指混入革命陣營的投機份子。

㊴ 孝子：指楊邨人，他在一九三三年一月，發表於「讀書雜誌」第三卷第一期的「離開政黨生活的戰壕」中說：「回過頭來看我自己，父老家貧子幼，漂泊半生，一事無成，革命何時才成功，我的家人現在在作餓餒不能過日，將來革命就是成功，以湘鄂西蘇區的情形來推測，我的家人也不免作餓餒作叫化子的。還是留得青山在，自顧自家人罷了！病中，千思萬想，終於由理智來判定，我脫離中國共產黨了。」

㊵ 胡秋原在「阿狗文藝論」（一九三一年十二月「文化評論」創刊號）以「人道主義文學」的名義，來反對當時的左翼文學運動。（參考「僞自由書」注釋）。

的革命更加革命』之名，走出陣線之外，好則沈默，壞就成爲叭兒的㊶這不是我的『毒瓦斯』，這是彼此看見的事實！（一九三三年七月二十日午，記。）

二、「准風月談」的「後記」

——「申報」副刊「自由談」編者籲請「多談風月」之後的文壇情況——

㈠魯迅假「談風月」之名「漫談國事」

當時，「申報」副刊「自由談」編者黎烈文鑒於時事多變，談論不易，所以，他在民國二十二年（一九三三）五月二十五日，在「自由談」刊出「籲請海內文豪，從玆多談風月」的「啓

㊶ 魯迅在這篇「後記」裏，始終不忘記所謂「革命文學家」者的行徑。他所說的「革命文學家」即是由「創」、「太」兩社自稱「革命文學家」對他曾經「圍剿」的人，也包括原係共產黨份子的人。由於原「創」、「太」兩社的人轉化而爲「左聯」的人，對魯迅雖聽從共產黨命令尊其爲「左聯」領袖，但內心裏並不眞的欽佩，因爲他們在「圍剿」魯迅，而魯迅起而反抗，並且振振有辭。所爭論的問題並未解決。雙方內心的「結」，老實說，並未解開。從共黨的策略說，認爲「創」、「太」兩社既然不能戰勝魯迅，便設法把魯迅用新團體「圈了進來」，供其利用，那便是「左聯」。共黨當然在「左聯」中有「黨團」，對「左聯」加以控制。魯迅雖在名義上是「左聯」領袖，在實際上則處處受制。因而，魯迅也並不信任由「創」「太」兩社而來的「革命文學家」，時時隨筆加以諷刺。例如楊邨人便是「太陽社」的份子。此處所說的「走出陣線之外，好則沉默，壞就成爲叭兒的」，就是指的像楊邨人之類的人。

事」。魯迅自然響應「啓事」而談「風月」，但他「談」的「風月」，却不是一般人所談的「風月」。他在「准風月談」的「前記」裏說：

「自從中華民國建國二十有二年五月二十五日，『自由談』的編者刊出了『籲請海內文豪，從玆多談風月』的啓事以來，很使老牌風月文豪搖頭幌腦的高興了一大陣，講冷話的也有，說俏皮話的也有，連只會做『文探』㊷的叭兒們㊸也翹起了牠尊貴的尾巴。但有趣的是談風雲的人，風月也談得，談風月就談風月罷，雖然仍舊不能正如尊意。

想從一個題目限制了作家，其實是不能夠的。假如出一個『學而時習之』的試題，叫遺少和車夫來做八股，那做法就決定不一樣。自然，車夫做的文章可以說是不通，是胡說，但這不通或胡說，就打破了遺少們的一統天下。古話裏也有過：柳下惠看見糖水，說『可以養老』，盜跖見了，却道可以粘門閂㊹。他們是弟兄，所見的又是同一的東西，想到的用法却有這麼天差地遠。

㊷「文探」是指在「大晚報」和「社會新聞」、「微言」等報刊上寫文章揭發魯迅化名的人。當時，魯迅曾被浙江省黨部呈通緝「墮落文人魯迅」在案。嗣後，他又參加「左聯」，更在查緝之列。報刊亦不能發表他的文章。他應付這種情況，是住在租界（曾於民國十九年三月十九日至四月十九日離寓暫避。）並用化名（筆名）發表文章，那些前面所指的報刊有人寫文章指出那些筆名和化名是魯迅。此爲魯迅當時所最恨者。

㊸因魯迅最恨這種揭發他化名筆名的人，故以「叭兒」狗罵之。

㊹「淮南子」「說林訓」：「柳下惠見飴曰：『可以養老。』盜跖見飴曰：『可以粘牡。』見物同而用之異。」後漢高誘註：「牡，門戶籥牡也。」按：柳下惠，春秋時魯國人，孟子曾稱他是「聖之和者」。（見「孟子」「萬章」篇）。相傳他的弟弟盜跖是一個「日殺不辜，肝人之肉（莊子云：「跖方休卒太山之陽，膾人肝而餔之。」），暴戾恣睢，聚黨數千人，橫行天下」的大盜。（「史記」「伯夷列傳」）。

『月白風清，如此良夜何？』好的，風雅之至，舉手贊成。但同是涉及風月的『月黑殺人夜，風高放火天』㊺呢，這不明明是一聯古詩麼？

「我的談風月也終於談出了亂子來，不過也並非為了主張『殺人放火』。其實，以為『多談風月』，就是『莫談國事』的意思，是誤解的。『漫談國事』倒並不要緊，只是要『漫』，發出去的箭石，不要正中了有些人物的鼻梁，因為這是他的武器，也是他的幌子。

「從六月起的投稿，我就用種種的筆名了，一面固然為了省事，一面也省得有人罵讀者們不管文字，只看作者的署名。然而這麼一來，却又使一些看文字不用視覺，專靠嗅覺的『文學家』疑神疑鬼，而他們的嗅覺又沒有和全體一同進化，至於看見一個新的作家的名字，就疑心是我的化名，對我嗚嗚不已，有時簡直連讀者都被他們鬧得莫名其妙了。現在就將當時所用的筆名，仍舊留在每篇之下，算是負着應負的責任。

還有一點和先前的編法不同的，是將刊登時被刪改的文字大概補上去了，而且旁加黑點，以清眉目。這刪改，是出於編輯或總編輯，還是出於官派的檢查員的呢，現在已經無從辨別，但推想起來，改點句子，去些諱忌，文章却還能連接的處所，大約是出於編輯的，而胡亂刪削，不管

㊺元朝驪然子「拊掌錄」：「歐陽公（歐陽修）與人行令，各作詩兩句，須犯徒（徒刑）以上罪者。一云：『持刀哄寡婦，下海劫人船。』一云：『月黑殺人夜，風高放火天。』歐云：『酒粘衫袖重，花壓帽檐扁。』或問之，答云：『當此時徒以上罪亦做了。』

文氣的接不接，語意的完不完的，便是欽定的文章。

「日本的刊物，也有禁忌，但被删之處，是留着空白，或加虛線，使讀者能够知道的。中國的檢查官却不許留空白，必須接起來，於是讀者就看不見檢查删削的痕迹，一切含糊和恍惚之點，都歸在作者身上了。這一種辦法，是比日本大有進步的，我現在提出來，以存中國文網史上極有價値的故實。

「去年的整半年中，隨時寫一點，居然在不知不覺中又成一本了。當然，這不過是一些拉雜的文章，爲『文學家』所不屑道。然而這樣的文字，現在却也並不多，而且『拾荒』的人們，也還能從中檢出東西來，我因此相信這書的暫時的生存，並且作爲集印的緣故。

一九三四年三月十日，於上海記。」

魯迅在這一篇「前記」裏，說明他怎樣應付「編者的啓事」，多用化名，並且在「談風月」之中，談些別的。換句話說，就是他的文章，從基本上說，是沒有改變的。但，他用許多不同的化名或筆名之後，不久，便會有人撰文揭發出來，他便不得不另換名字。因爲揭發他的名字，有兩種後果，一是會給編者惹些厤煩；一是會給他惹來厤煩。所以，他最恨揭發他名字的人，不惜稱之爲「叭兒」狗。

另外，魯迅特別指出檢查員的亂改文章，把禁忌被删之處，竟不管文氣接不接，語意的完不完，便硬接上了。他說，日本的刊物，也有禁忌，但被删之處，是留着空白，或加虛線，是使讀者知道的。說到此處，他是對日本的辦法，還認爲滿意的。中國的情形，弄到讓人指責的地步，是檢查員的程度有問題。當時笑話很多，那就是該刪的沒有刪，不該刪的反而刪了。這種情形，據說維持很久的時間。其實，關於思想問題，是需要程度好一些的人去做，方不會貽笑大方。

(二)「整理舊稿」的原因

魯迅在「准風月談後記」中，一開始，便說到他整理舊稿的原因。他說到「自由談」的投稿受到限制，又說到他怎樣應付那些限制。他說：

「這六十多篇雜文，是受了壓迫之後，從去年六月起，另用各種的筆名，障住了編輯先生和檢查老爺的眼睛，陸續在『自由談』上發表的。不久就又蒙一些很有『靈感』的『文學家』吹噓，有無法隱瞞之勢，雖然他們的根據嗅覺的判斷，有時也並不和事實相符。但不善於改悔的人，究竟也躲閃不到那裏去，於是不及半年，就得着更厲害的壓迫了，敷衍到十一月初，只好停筆，證明了我的筆墨，實在敵不過那些帶着假面，從指揮刀下挺身而出的英雄㊻。

「不做文章，就整理舊稿，在年底裏，黏成了一本書，將那時被人刪削或不能發表的，也都

㊻ 這一段仍然是魯迅說那些告密的人，能看到他在「自由談」發表文章時的各種化名，而加以在小報和刊物上指名揭發，使他敷衍到一九三三年「十一月」初，只好停筆。但他說「不善於改悔的人，究竟也躲閃不到那裏去」，正是他仍然發表些對當時的政府有攻擊趨向的文章。

添進去了，看起分量來，倒比這以前的『僞自由書』要多一點。今年三月間，才想付印，做了篇序，慢慢的排，校，不覺又過了半年，回想離停筆的時候，已是一年有餘了，時光眞是飛快，但我所怕的，倒是我的雜文還好像說着現在或甚而至於明年㊼。」

(三)「完全是爲了一條尾巴」？

「僞自由書後記」，揭露了當時文壇的一些現象，有人批評說，魯迅出版那本書，完全是爲了一條尾巴——「後記」。魯迅雖然不承認，但那條「尾巴」，確實紀錄了當時文壇的動態。保存了一些眞實的文藝史料。魯迅說：

「記得『僞自由書』出版的時候『社會新聞』曾經有過一篇批評，說我的所以印行那一本書的本意，完全是爲了一條尾巴——『後記』。這其實是誤解的。我的雜文，所寫的常是一鼻，一嘴，一毛，但合起來，已幾乎是或一形象的全體，不加什麼原也過得去的了，但畫上一條尾巴，却見得更加完全。所以我的要寫後記，除了我是弄筆的人，總要動筆之外，只在要這一本書裏所畫的形象，更成爲完全的一個具象，却不是『完全爲了一條尾巴。』

㊼「今年三月」是一九三四年三月，他又說「停筆已一年有餘」，但這些雜文「好像說着現在或甚而至於明年」。意思是說他用雜文指出的毛病，仍舊存在。

「內容也還和先前一樣，批評些社會的現象，尤其是文壇的情形。因爲筆名改得勤，開初倒還平安無事。然而『江山好改，秉性難移』，我知道自己終於不能安分守己。『序的解放』碰着了曾今可㊽，『豪語的折扣』又觸犯了張資平㊾此外在不知不覺之中得罪了一些別的什麼偉人，我還自己不知道。但是，待到做了『各種捐班』㊿和『登龍術拾遺』51以後，這案件可就鬧大了。

㊽ 魯迅在「序的解放」中說：「……詩的解放，早已有人，詞的解放，只有騙鳥，於是乎，『序的解放』起矣。」曾今可是從事「詞的解放」的人，在「僞自由談後記」中曾經談到。於今，又說他「騙鳥」，當然是「碰着了」他。

㊾ 魯迅在「豪語的折扣」中說：「例如在廣告上，我們有時會看見自說『我是坐不改名，行不改姓的人，』眞要驀地發生一種好像見了『七俠五義』中人物一般的敬意，但接着就是『縱令有時用其他筆名，但所發表文章，均自負責』，却身子一扭，土行孫似的不見了。予豈好『用其他筆名』哉？予不得已也。」這便是諷刺張資平在廣告上所說的「我是坐不改名、行不改姓的人」的話。

㊿ 「各種捐班」一文中，曾說：「捐做『文學家』也用不着新花樣，只要開一隻書店，拉幾個作家，僱一些幫閒，出一種小報……不消一年半載，包管成功。」就是指的邵洵美。

51 「登龍術拾遺」一文中說：「看（文壇登龍術）廣告上的目錄，並沒有『做女婿』這一門，……似乎該有一點增補才好，因爲文壇雖然『不致於會要招女婿』，但女婿却是會要上文壇的。術曰：要登文壇，須闊太太，遺產必需，官司莫怕。窮小子想爬上文壇去，有時雖然會僥倖，終究是很費力氣的；做些隨筆或茶話之類，或者也能撈幾文錢，但究竟隨人俯仰。最好是有富岳家，有闊太太，用賠嫁錢，作文學資本，笑駡隨他笑駡，惡作我自印之。『作品』一出，頭銜自來，贅婿雖能被婦家所輕，但一登文壇，卽身價十倍，太太也就高興，不至於自打麻將，連眼梢也一動不動了，這就是『交相爲用』。但其爲文也，又必須是唯美派，試看王爾德遺照，盤花鈕扣，鑲牙手杖，何等漂亮，人見猶憐，而況令閫。可惜他的太太不行，以至濫交頑童，窮死異國，假如有錢，何至於此。所以倘欲登龍，也要乘龍，『書中自有黃金屋』，早成古話，現在是『金中自有文學家』當令了。」這是大大的挖苦了邵洵美。魯迅當時爲什麼要動輒挖苦邵洵美呢？因爲邵洵美創刊的「十日談」是反魯迅的。

（四）關於「十日談」

邵洵美㊾在上海出版了一種刊物「十日談」，是屬於「左聯」以外的刊物，遂遭受攻擊，甚至遭受人身攻擊。加以邵洵美能找到的作家，並非當時知名的作家，以故「十日談」㊿的效果，並不彰。魯迅說：

「去年八月間，詩人邵洵美先生所經營的書店裏，出了一種『十日談』，這位詩人在第二期（二十日出）上，飄飄然的論起『文人無行』來了，先分文人爲五類，然後作結道——

『除了上述五類外，當然還有許多其他的典型；但其所以爲文人之故，總是因爲沒有飯

㊾ 邵洵美：筆名邵浩平、紹文、郭明。浙江餘姚縣人，一八九八年生。祖父邵友濂，清外交官吏。一八九四年中日戰爭失敗後，清廷派總理各國事務大臣戶部左侍郎張蔭桓、及署湖南巡撫邵友濂爲全權大臣赴日議和，但被日本拒絕。其後，清廷改派李鴻章爲全權代表赴日議和。邵友濂有兩子，長子無所出，次子月如，娶盛宣懷女兒爲妻，生洵美。其後以洵美嗣月如之兄。所以洵美擁有的財產相當於他的父親。洵美後來娶盛宣懷的孫女，故洵美既爲盛宣懷的外孫，又爲孫婿。他曾留學英國，但他經常住在巴黎。一九二五年他曾與友人組織「天狗會」：謝壽康爲老大，徐悲鴻爲老二，張道藩爲老三，邵洵美爲老四，軍師孫佩蒼，行走爲郭有守，專使爲江小鶼。蔣碧薇爲「壓寨夫人」。一九二六年五月，邵洵美從歐洲回國到上海，往上海租界，過着紅燈綠酒的浪漫生活，又從事於寫詩、辦雜誌、開設書店的工作。一九二九年，開辦「金屋書店」又出版「金屋月刊」。一九三〇年，開辦「時代印刷公司」，一九三二年，創辦「論語」半月刊，一九三三年八月創辦「十日談」旬刊。

㊿ 「十日談」，是邵洵美辦的一種旬刊，一九三三年八月十日創刊，上海美術刊行社發行。

吃，或是有了飯吃不飽。因爲做文人不比做官或是做生意，究竟用不到多少本錢。一枝筆，一些墨，幾張稿紙，便是你所要預備的一切。無本錢生意，人人想做，所以文人便多了。此乃是沒有職業才做文人的事實。

我們的文壇便是由這種文人組織成的。因爲他們是沒有職業才做文人，因此他們的目的仍在職業而不在文人。他們借着文藝宴會的名義極力地拉攏大人物；借文藝雜誌或是副刊的地盤，極力地爲自己做廣告：但求聞達，不顧羞恥。

誰知既爲文人矣，便將被目爲文人；既被目爲文人矣，便再沒有職業可得，這般東西便永遠在文壇裏胡鬧。』

「文人的確窮的多，自從迫壓言論和創作以來，有些作者也的確更沒有飯喫了。而邵洵美先生是所謂『詩人』，又是有名的鉅富『盛宮保』㊿的孫婿，將汙穢潑在『這般東西』的頭上，原也十分平常的。但我以爲作文人究竟和『大出喪』55有些不同，卽使僱得一大羣幫閒，開鑼喝道，

54「盛宮保」，指清末有名的官吏盛宣懷。在清末義和團暴亂時，清兩江總督劉坤一，湖廣總督張之洞等與各國局部妥協，訂立所謂東南中外互保條款；盛宣懷因參與此事「有功」，事後清政府授他以太子少保的官銜。

55、56死後的「大出喪」，和「買長江兩岸的田地」，都是指盛宣懷。

過後仍是一條空街，還不及『大出喪』的雖在數十年後，有時還有幾個市儈傳頌。窮極，文是不能工的，可是金銀又並非文章的根苗，牠最好還是買長江沿岸的田地56。然而富家兒總不免常常誤解，以爲錢可使鬼，就也可以通文。使鬼，大概是確的，也許還可以通神，但通文却不成，詩人邵洵美先生本身的詩便是證據。我那兩篇中的有一段，便是說明官可捐，文人不可捐，有裙帶官兒，却沒有裙帶文人的。」

(五) 關於「女婿問題」

魯迅用葦索的筆名，諷刺了邵洵美是富家女婿，用「賠嫁錢」開書店、辦刊物、作文學資本。他原是攻擊邵洵美的反「左聯」態度的，但由於諷刺「女婿」，於是，引起了「女婿問題」的辯論。魯迅說：

「然而，幫手立刻出現了，還出在堂堂的『中央日報』(九月四日及六日)上——

如是

女婿問題

最近的『自由談』上，有兩篇文章都是談到女婿的，一篇是孫用的『滿意和寫不出』，一篇是葦索的『登龍術拾遺』。後一篇九月一日刊出，前一篇則不在手頭，刊出日期大約在八月下旬。

葦索先生說：『文壇雖然不致於要招女婿，但女婿却是會要上文壇的。』後一句『女婿却是會要上文壇的』，立論十分牢靠，無瑕可擊，我們的祖父是人家的女婿，我們的父親也是人家的女婿，我們自己，也仍然不免是人家的女婿。比如今日在文壇上『北面』而坐的魯迅、茅盾之流，都是人家的女婿，所以『女婿會要上文壇的』是不成問題的，至於前一句『文壇雖然不致於要招女婿』，這句話就簡直站不住了。我覺得文壇無時無刻不在招女婿，許多中國作家現在都變成了俄國的女婿了57。

又說：『有富岳家，有濶太太，用賠嫁錢，作文學資本，……』能用妻子的賠嫁錢來作文學資本，我覺得這種人應該佩服，因爲用妻子的錢來作文學資本，總比用妻子的錢來作其他一切不正常的事情好一些。況且凡事必須有資本，文學也不能例外，如沒有錢，便無從付印刷費，則雜誌及集子都出不成，所以要辦書店，出雜誌，都得是大家拿一些私蓄出來，妻子的錢自然也是私蓄之一。況且做一個富家的女婿並非罪惡，正如做一個報館老板的親戚之並非罪惡爲一樣，如其一個報館老板的親戚，回國後遊蕩無事，可以依靠親戚的牌頭，奪一個副刊來編編，則一個富家的女婿，因爲興趣所近，用些妻子的賠嫁錢來作文學資本，當然

57 「許多中國作家，現在都變成了俄國女婿了」：這是指「左聯」作家「拿盧布」的意思，正如後面魯迅批評說：「結果不過說着『魯迅拿盧布』那樣的濫調」。這個魯迅拿盧布，是魯迅和「新月派」論爭時，梁實秋等曾說過的話。魯迅一再拿這樣的話來挖苦「新月派」的人。因爲那時，魯迅並沒有拿俄國的錢——盧布，而是拿了國民政府的錢！他拿國民政府的錢，又在天天攻擊國民政府。假如「新月派」知道了這個秘密，當時把它揭穿，大家的觀感就不同了。

也無不可。

「女婿」的蔓延

聖閑

狐狸喫不到葡萄，說葡萄是酸的，自己娶不到富妻子，於是對於一切有富岳家的人發生了妒忌，妒忌的結果是攻擊。

假如做了人家的女婿，是不是還可以做文人的呢？答案自然是屬於正面的，正如前天如是先生在本園上他的一篇『女婿問題』裏說過，今日在文壇上最有聲色的魯迅、茅盾之流，一方面身爲文人，一方面仍然不免是人家的女婿，不過既然做文人同時也可以做人家的女婿，則此女婿是應該屬於窮岳家的呢，還是屬於富岳家的呢？關於此層，似乎那些老牌作家，尚未出而主張，不知究竟應該『富傾』還是『窮傾』才對，可是『自由談』之流的撰稿人，既經對於富岳家的女婿取攻擊態度，則我們感到，好像至少做富岳家的女婿的似乎不該再跨上這個文壇了，『富岳家的女婿』和『文人』彷彿是衝突的，二者祇可任擇其一。

目下中國文壇似乎有這樣一個現象，不必檢查一個文人他本身在文壇上的努力的成績，而唯斤斤於追究那個文人的家庭瑣事，如是否有富妻子或窮妻子之類。要是你今天開了一家書店，則這家書店的本錢，是否出乎你妻子的賠嫁錢，也頗勞一些尖眼文人，來調查打聽，以此或作攻擊譏諷。

我想將來中國的文壇，一定還會進步到有下種情形：穿陳嘉庚橡皮鞋者，方得上文壇，如穿皮鞋，便屬貴族階級，而入於被攻擊之列了58。

現在外國回來的留學生失業的多得很。回國以後編一個副刊也並非一件羞恥事情，編那個副刊，是否因親戚關係，更不成問題，親戚的作用，本來就在這種地方，自命以掃除文壇爲己任的人，如其人家偶而提到一兩句自己的不願意聽的話，便要成羣結隊的來攻，大可不必。如其常常罵人家爲狂吠的，則自己切不可也落入於狂吠之列。」

「這兩位作者都是富家女婿崇拜家，但如是先生是凡庸的，背出了他的祖父、父親，魯迅、茅盾之後，結果不過說着『魯迅拿盧布』那樣的濫調59打諢的高手要推聖閑先生，他竟拉到我萬想不到的詩人太太的味道上去了。戲劇上的二丑幫忙，倒使花花公子格外出醜，用的便是這樣的說法，我後來也引在『滑稽例解中』60中。

58 「穿陳嘉庚橡皮鞋」意思是指代表勞工階級，「穿皮鞋」意指代表資產階級。是諷刺「左聯」的偏狹態度的話。

59 同57。

60 是「准風月談」中的一篇，說到許多可笑的滑稽問題上時，有這樣的一段：「見于報章的短評上的，也有的是。例如九月間『自由談』所載的『登龍術拾遺』上，以做富家女婿爲『登龍』之一術，不久就招來了一篇反攻，那開首道：『狐狸吃不到葡萄，……妒忌的結果是攻擊。』這也不能想一下。一想『的結果』，便分明是這位作者在表明他知道『富妻子』的味道是甜的了。……「不過『古香齋』（林語堂所辦「論語」半月刊中之「專欄」）裏所收的妙文，往往還傾于奇詭，滑稽却不如平淡，惟其淡，也就是更加滑稽，在這一標準上，我推選『甜葡萄』說。」

「但邵府上也有惡辣的謀士的。今年二月，我給日本的『改造』雜誌做了三篇短論，是譏評中國、日本、滿洲的。邵家將却以爲『這回是得之矣』了。就在也是這甜葡萄棚裏產生出來的『人言』[61]（三月三日出）上，扮出一個譯者和編者來，譯者算是只譯了其中的一篇『談監獄』，投給了『人言』，並且前有『附白』，後有『識』——

談監獄 魯迅

（頃閱日文雜誌改造三月號，見載有我們文壇老將魯迅翁之雜文三篇，比較翁以中國文發表之短文，更見精彩，因迻譯之，以寄人言。惜譯者未知迅翁寓所，問內山書店主人丸造氏，亦言未詳，不能先將譯稿就正於氏爲憾。但請仍用翁的署名發表，以示尊重原作之意。——譯者井上附白。）

人的確是由事實的啓發而獲得新的覺醒，並且事情也是因此而變革的。從宋代到清朝末年，很久長的時間中，專以代聖賢立言的『制藝』文章，選拔及登用人才。到同法國打了敗仗，才知這方法的錯誤，於是派遣留學生到西洋，設立武器製造局，作爲改正的手段。同日本又打了敗仗

[61] 「人言」周刊，郭明編輯，一九三四年二月創刊，上海第一出版社發行，「談監獄」載該刊第一卷第三期（一九三四年三月三日）。按章克標、邵洵美都是「人言」的編輯同人。魯迅在一九三四年六月二日致鄭振鐸信中曾提到章（克標）編「人言」的事，說：「章頗惡劣，因我在外國發表文章，而以軍事裁判暗示當局者，亦此人也。」

之後，知道這還不够，這一回是大大地設立新式的學校。於是學生們每年大鬧風潮。清朝覆亡，國民黨把握了政權之後，又明白了錯誤，而作爲改正手段，是大造監獄。

國粹式的監獄，我們從古以來，各處早就有的，清朝末年也稍造了些西洋式的，就是所謂文明監獄。那是特地造來給旅行到中國來的外人看的，該與爲同外人講交際而派出去學習文明人的禮節的留學生屬於同一種類。囚人却托庇了得着較好的待遇，也得洗澡，有得一定分量的食品喫。所以是很幸福的地方。而且在二三星期之前，政府因爲要行仁政，便發佈了囚人口糧不得剋扣的命令。此後當是益加幸福了。

至於舊式的監獄，像是取法於佛教的地獄，所以不但禁錮人犯，而且有要給他吃苦的責任。有時還有搾取人犯親屬的金錢使他們成爲赤貧的職責。而且誰都以爲這是當然的，倘使有不以爲然的人，那卽是幫助人犯，非受犯罪的嫌疑不可。但是文明程度很進步了，去年有官吏提倡，說人犯每年放歸家中一次，給予解決性慾的機會，是很人道主義的說法。老實說：他不是他對於人犯的性慾特別同情，因爲决不會實行的望頭，所以特別高聲說話，以見自己的是官吏。但輿論甚爲沸騰起來。某批評家說，這樣之後，大家見監獄將無畏懼，樂而赴之，大爲世道人心憤慨。受了聖賢之敎，如此悠久，尙不像那個官吏那麼狡猾，是很使人心安，但對於人犯不可不虐待的信念，却由可見。

從另一方面想來，監獄也確有些像以安全第一爲標語的人的理想鄉。火災少，盜賊不進來，土匪也決不來掠奪。卽使有了戰爭，也沒有以監獄爲目標而來爆擊的傻瓜。起了革命，只有釋放人犯的例，沒有屠殺的事。這回福建獨立的時候，說釋人犯出外之後，那些意見不同的却有了行踪不明的謠傳，但這種例子是前所未見的。總之，不像是很壞的地方。只要能容許帶家眷，那麼卽使現在不是水災，饑荒，戰爭，恐怖的時代，請求去轉居的人，也決不會沒有。所以虐待是必要了吧。

牛蘭夫妻以宣傳赤化之故，收容於南京的監獄，行了三四次的絕食，什麼效力也沒有。這是因爲他不了解中國的監獄精神之故。某官吏說他自己不要喫，同別人有什麼關係，很訝奇這事。不但不關係於仁政，且節省伙食，反是監獄方面有利。甘地的把戲，倘使不選擇地方，就歸於失敗。

但是，這樣近於完美的監獄，還留着一個缺點，以前對於思想上的事情，太不留意了。爲補這個缺點，近來新發明有一種『反省院』的特種監獄，而施行敎育。我不曾到其中去反省過，所以不詳細其中的事情，總之對於人犯時時講授三民主義，使反省他們自己的錯誤，而且還要做出排擊共產主義的論文。倘使不願寫或寫不出則當然非終生反省下去不行，但做得不好，也得反省到死。在目下進去的有，出來的也有，反省院還有新造的，總是進去的人多些。試驗完畢而出來的良民也偶有會到的，可是大抵總是萎縮枯槁的樣子，恐怕是在反省和畢業論文上面把心力用盡了。那是屬於前途無望的。

（此外尚有「王道」及「火」二篇，如編者先生認爲可用，當再譯寄。——譯者識。）

「姓雖然冒充了日本人，譯文却實在不高明，學力不過如邵家幫閒專家章克標先生的程度，但文字也原是無須譯得認眞的，因爲要緊的是後面的算是編者的回答——

『編者註：魯迅先生的文章，最近是在查禁之列。此文譯自日本，當可逃避軍事裁判。但我們刊登此稿目的，與其說爲了文章本身精美或其議論透澈；不如說舉一個被本國迫逐而託庇於外人威權之下的論調的例子。魯迅先生本來文章極好，强辭奪理亦能說得頭頭是道，但統觀此文，則意氣多於議論，揑造多於實證，若非譯筆錯誤，則此種態度實爲我所不取也。登此一篇，以見文化統制治下之呼聲一般。『王道』與『火』兩篇，不擬再登，轉言譯者，可勿寄來[62]。』

「這編者的『託庇於外人威權之下』的話，是和譯者的『問內山書店主人丸造氏』相應的；而且提出『軍事裁判』來，也是作者極高的手筆，其中含着甚深的殺機。我見這富家兒的鷹犬，更深知明季的向權門賣身投靠之輩是怎樣的陰險了[63]。他們的主公邵詩人，在讚揚美國白詩人的

---

[62] 這「編者註」，既說「魯迅文章最近是在查禁之列」，又說到「軍事裁判」。這樣的反魯迅，實在不高明。——文人最好用筆戰勝對方，不可藉重「查禁」和「軍事裁判」。因爲文章一露殺機，便失去了讀者，一失去讀者，就是沒有人讀，那還能談什麼影響呢？

[63] 魯迅這些話，說到明季那些害人的無恥者，是在想獲得讀者的同情。大凡在文章中顯出驕傲橫蠻之氣者，失同情；在文章中自居於弱小被迫害之列者，則得同情。

文章中，貶落了黑詩人，『相信這種詩是走不出美國的，至少走不出英國語的圈子。』（現代五卷六期）[64]我在中國的富貴人及其鷹犬的眼中，雖然也不下于黑奴，但我的聲音却走出去了。這是最可痛恨的。但其實，黑人的詩也走出『英國語的圈子』去了。美國富翁和他的女婿及其鷹犬也是奈何牠不得的。

「但這種鷹犬的這面目，也不過以向『魯迅先生的文章，最近是在查禁之列』的我而已，只要立刻能給一個嘴巴，他們就比吧兒狗還馴服。現在就引一個也曾在『滑稽例解』中提過，登在去年九月二十一日申報上的廣告在這裏罷——

十日談向晶報聲明誤會表示歉意

敬啓者十日談第二期短評有朱霽青亦將公布捐款一文後段提及晶報係屬誤會本刊措詞不善致使晶報對邵洵美君提起刑事自訴按雙方均爲社會有聲譽之刊物自無互相攻訐之理玆經章士釗江容平衡諸君詮釋晶報完全諒解除由晶報自行撤回訴訟外特此登報聲明表示歉意

『雙方均爲社會有聲譽之刊物，自無互相攻訐之理，』此『理』極奇，大約是應該攻訐『最近是在查禁之列』的刊物的罷。金子做了骨髓，也還是站不直，在這裏看見鐵證了[65]。

---

[64] 邵洵美：「現代美國詩壇概觀」，載「現代」第五卷第六期（一九三四年十月一日）「現代美國文學專號」。

[65] 像「十日談」這種刊物，動輒向人「道歉」，足證其不穩定，如何能作得戰？

(六) 楊邨人的「聰明之道」

魯迅在這裏，特別將楊邨人的文章「聰明之道」，全部照錄在「後記」裏，意思是將這篇「下作」提出來，是「示衆」的。可見像楊邨人之流去攻擊魯迅，會得反效果的。這也是中央有關方面對三十年代文藝的處理，不知是失策還是疏忽，二者必居其一。魯迅說：

「給『女婿問題』紙張費得太多，跳到別一件，這就是『莊子』和『文選』(66)。

這案件的往覆的文字，已經收在本文裏，不再多談；別人的議論，也爲了節省紙張，都不剪貼了。其時『十日談』也大顯手段，連漫畫家都出了馬，爲了一幅陳靜生先生的『魯迅翁之笛』，還在『濤聲』上和曹聚仁先生惹起過一點辯論的小風波。但是辯論還沒有完，『濤聲』已被禁止了，福人總永遠有福星照命……

然而時光是不留情面的，所謂『第三種人』，尤其是施蟄存和杜衡卽蘇汶，到今年就各自露出他本來的嘴臉來了。

這回要提到末一篇，流弊是出在用新典。

聽說，現在是連用古典有時也要被檢查官禁止了，例如提起秦始皇，但去年還不妨，不過用

---

(66) 「莊子」和「文選」問題：是施蟄存將這兩種書，向青年推薦。魯迅爲文，以諷刺的方式，加以反對，曾引起施蟄存的答辯，不過是很微弱的。

新典總要鬧些小亂子。我那最末的『青年與老子』，就因爲碰着了楊邨人先生（雖然刊出的時候，那名字已給編輯先生刪掉了），後來在『申報』本埠增刊的『談言』（十一月二十四日）上引得一篇妙文的。不過頗難解，好像是在說我以孝子自居，却攻擊他做孝子，既『投井』，又『下石』了。因爲這是一篇我們的『改悔的革命家』的標本作品，棄之可惜，謹錄全文，一面以見楊先生倒是現代『語錄體』[67]作家的先驅，也算是我的『後記』裏的一點餘興罷——

聰明之道

邨人

疇昔之夜，拜訪世故老人於其廬：廬爲三層之樓，面街而立，雖電車鈴鈴軋軋，汽車嗚嗚啞啞，市囂擾人而不覺，儼然有如隱士，居處晏如，悟道深也。老人曰，『汝來何事』？對曰，『敢問聰明之道』。談話有主題，遂成問答。

『難矣哉，聰明之道也！孔門賢人如顏回，擧一隅以三隅反，孔子稱其聰明過人，於今之世能擧一隅以三隅反者尙非聰明之人，汝問聰明之道，其有意難余老瞶者耶？』

『不是不是，你老人家誤會了我的問意了！我並非要請教關於思辨之術。我是生性拙直愚笨，處世無方，常常碰壁，敢問關於處世的聰明之道。』

『噫嘻，汝誠拙直愚笨也，又問處世之道！夫今之世，智者見智，仁者見仁，階級不

[67] 現代「語錄體」：是指當時林語堂一派的所謂「語錄體」文字，當時，林語堂一派的刊物，有「論語」、「人間世」、「宇宙風」等，是在「左聯」之外的有影響力的一派。

同，思想各異，父子兄弟夫婦姐妹因思想之各異，一家之內各有主張各有成見，雖屬骨肉至親，乖離衝突，背道而馳；古之所謂英雄豪傑，各事其君而爲仇敵，今之所謂志士革命家，各爲階級反目無情，甚至祇因立場之不同，骨肉至親格殺無赦，投機取巧或能勝利於一時，終難立足於世界，聰明之道實則已窮，且唯既愚且魯之徒方能享福無邊也矣。……』

『老先生雖然說的頭頭是道理由充足，可是，眞的聰明之道就沒有了嗎？』

『然則僅有投機取巧之道也矣。試爲汝言之：夫投機取巧之道要在乎滑頭，而滑頭已成爲專門之學問，西歐學理分門別類有所謂科學哲學者，滑頭之學問實可稱爲滑頭學。滑頭學如依大學教授之編講義，大可分成若干章，每章分成若干節，每節分成若干項，引古據今，中西合璧，其理論之深奧有甚於哲學，其引證之廣大舉凡中外歷史，物理化學，藝術文學，經商貿易之直，誘惑欺騙之術，概屬必列，包羅萬象，自大學預科以至大學四年級此一講義能講其千分之一，大學畢業各科及格，此滑頭學則無論何種聰明絕頂之學生皆不能及格，且大學教授本人恐亦知其然不知其所以然，其難學也可想而知之矣。余處世數十年，頭頂已禿，鬚髮已白，閱歷不爲不廣，敎訓不爲不多，然而余着手編輯滑頭學講義，僅能編其第一章之第一節，第一節之第一項也。此第一章之第一節，第一節之第一項其綱目爲『順水行舟』，卽人云亦云，亦卽人之喜者喜之，人之惡者惡之是也，擧一例言之，如人之惡者爲孝子，所謂封建宗法社會之禮敎遺孽之一，則汝雖曾經爲父侍湯服藥問醫求卜出諸天性以事親人，然論世之出諸天性以事親人者則引『孝子』之名以責難之，惟求青年之鼓掌稱快，勿管本心見解及自己行動之如何也。被責難者處於時勢潮流之下，百辭莫辯，辯則反動更爲證實，從此青年鳴鼓而攻，體無完膚，汝之勝利不但已操左券，且爲青年奉爲至聖大賢，小品之集有此一篇，風行海內洛陽紙貴，於是名利雙收，富貴無邊矣。其第一章之第一節，第一節之第二項爲『投井下石』，余本亦知一二，然偶一憶及投井下石之人，殊覺頭痛，實無心編之也。然而滑頭學雖屬聰明之道，實乃左道旁門，汝實不足學也。』

『老先生所言想亦很有道理，現在社會上將這種學問作敲門磚混飯吃的人實在不少，他們也實在到處逢源，名利雙收，可是我是個拙直愚笨的人，恐怕就要學也學不了吧？』

『嗚呼汝求聰明之道，而不學之，雖屬可取，然碰壁也宜矣！』

是夕問道於世故老人，歸來依然故我，嗚呼噫嘻(68)！」

（七）「有些地方演了全武行」

時序到民國二十三年（一九三四），「左聯」已成立三年，在文壇方面，似乎已有左右的力量。原因是與「左聯」相反的第一流人物，都去從事黨政工作，也就是說做官去了，對文事已不

(68) 楊邨人以這一篇文章，意欲攻擊魯迅，力量實在太微弱了，微弱到被魯迅認爲是他「『後記』裏一點餘興」，豈不可笑？

大注意。「左聯」的活動已日甚一日，有時也超乎文事以外，去從事共黨的破壞工作。於是，政府方面爲維持社會秩序，也從事反擊的綏靖工作。正確的作法，是這種反擊的工作應僅對他的破壞工作，對文事方面也應以文事去對付。所遺憾的，竟是以「全武行」對付了文事。於是，又失去了社會的同情。魯迅說：

「但我們也不要一味賞鑒『嗚呼噫嘻』，因爲這之前，有些地方演了『全武行』。

也還是剪報好，我在這裏剪一點記的最爲簡單的——

藝華影片公司被「影界剷共同志會」搗毀

昨晨九時許，藝華公司在滬西康腦脫路金司徒廟附近新建之攝影場內，忽來行動突兀之青年三人，向該公司門房僞稱訪客，一人正在持筆簽名之際，另一人遂大呼一聲，則預伏於外之暴徒七八人，一律身穿藍布短衫褲，蜂擁奪門衝入，分投各辦事室，肆行搗毀寫字枱玻璃窗以及椅凳各器具，然後又至室外，打毀自備汽車兩輛，晒片機一具，攝影機一具，並散發白紙印刷之小傳單，上書『民衆起來一致勦滅共產黨』，『打倒出賣民衆的共產黨』，『撲滅殺人放火的共產黨』等等字樣，同時又散發一種油印宣言，最後署名爲『中國電影界剷共同志會。』約逾七分鐘時，由一人狂吹警笛一聲，衆暴徒即集合列隊而去，迨該管六區聞警派警士偵緝員等趕至，均已遠颺無蹤。該會且宣稱昨晨之行動，目的僅在予該公司一警告，如該公司不改變方針，今後當準備更激烈手段應付，聯華、明星、天一等公司，本會亦已有嚴密之調查矣云云。

據各報所載該宣言之內容稱，藝華公司係共產黨宣傳機關，普羅文化同盟爲造成電影界之赤化，以該公司爲大本營，如出品『民族生存』等片，其內容爲描寫階級鬪爭者，但以向南京檢委會行賄，故得通過發行。又稱該會現向教育部、內政部、中央黨部及本市政府發出呈文，要求當局命令該公司，立卽銷毀業已攝成各片，自行改組公司，清除所有赤色份子，並對受賄之電影檢委會之責任人員，予以懲處等語。

事後，公司堅稱，實係被刼，並稱已向曹家渡六區公安局報告。記者得訊，前往調查，亦僅見該公司內部佈置被毀無餘，桌椅東倒西歪，零亂不堪，內幕究竟如何，想不日定能水落石出也。

（十一月十三日，大美晚報）

影界剷共會

警戒電影院

拒演田漢等之影片

自從藝華公司被擊以後，上海電影界突然有了一番新的波動，從製片商已經牽涉到電影院，昨日本埠大小電影院同時接到署名上海影界剷共同志會之警告函件，請各院拒映田漢等編製導演主演之劇本，其原文云：

敝會激於愛護民族國家心切，並不忍電影界爲共產黨所利用，因有警告赤色電影大本營——藝華影片公司之行動，查貴院平日對於電影業，素所熱心，爲特嚴重警告，祈對於田漢（陳瑜）、沈端先（卽蔡叔聲、丁謙之）、卜萬蒼、胡萍、金燄等所導演，所編製，所主演之各項鼓吹階級鬥爭貧富對立的反動電影，一律不予放映，否則必以暴力手段對付，如藝華公司一樣，決不寬假，此告。上海影界剷共同志會。十一十三。

（十一月十六日，大美晚報。）

但『剷共』又並不限於『影界』，出版界也同時遭到覆面英雄們的襲擊了。又剪報——

今晨良友圖書公司突來一怪客

手持鐵錘擊碎玻璃窗

揚長而去捕房偵查中

▼……光華書局請求保護

滬西康腦脫路藝華影片公司，昨晨九時許，忽被狀似工人等數十名，闖入攝影場中，並大發各種傳單，署名『中國電影界剷共同志會』等字樣，事後揚長而去。不料一波未平，一波又起，今日上午十一時許，北四川路八百五十一號良友圖書印刷公司，忽有一男子手持鐵錘，至該公司門口，將鐵錘擊入該店門市大玻璃窗內，擊成一洞。該男子見目的已達，立卽逃避。該管虹口捕房據報後，立卽派員前往調查一遍，查得良友公司經售各種思想左傾之書籍，與搗毀藝華公司一案，不無關聯。今日上午四馬路光華書局據報後，驚駭異常，即自投該管中央捕房，請求設法保護，而免意外，惟至記者截稿時尚未聞發生意外之事云。

（十一月十三日，大晚報。）

搗毀中國論壇

印刷所已被搗毀

編輯間未受損失

承印美人伊羅生編輯之中國論壇報勒佛爾印刷所，在虹口天潼路，昨晚有暴徒潛入，將印刷間搗毀，其編輯間則未受損失。

（十一月十五日，大美晚報。）

襲擊神州國光社

昨夕七時四人衝入總發行所

鐵錘揮擊打碎橱窗損失不大

河南路五馬路口神州國光社(69)總發行所，於昨晚七時，正欲打烊時，突有一身衣長袍之顧客入內，狀欲購買書籍。不料在該客甫入門後，背後即有三人尾隨而進。該長袍客回頭見

(69) 上海神州國光社，在一九三一年以後數年間，接受陳銘樞等人的投資，成爲他們的出版機關。

三人進來，遂卽上前將該書局之左面走廊牆壁上所掛之電話機摘斷。而同時三短衣者卽實行搗毀，用鐵錘亂揮，而長衣者亦加入動手，致將該店之左櫥窗打碎，四人卽揚長而逸。而該店時有三四夥友及學徒，亦驚不能作聲。然長衣者方出門至相距不數十步之泗涇路口，爲站崗巡捕所拘，蓋此長衣客因打櫥窗時玻璃倒下，傷及自己面部；流血不止，渠因痛而不能快行也。

該長衣者當卽被拘入四馬路中央巡捕房後，竭力否認參加搗毀，故巡捕已將此人釋放矣。

（十二月一日，大美晚報。）

美國人辦的報館搗毀得最客氣，武官們開的書店搗毀得最遲。『揚長而逸』。寫得最有趣。

搗毀電影公司，是一面撒些宣言的，有幾種報上登過全文；對於書店和報館却好像並無議論，因爲不見有什麼記載。然而也有，是一種鋼筆版藍色印的警告，店名或舘名空着，各各塡以墨筆，筆跡並不像讀書人，下面是一長條紫色的木印。我幸而藏着原本，現在訂定標準，照樣的抄錄在這裏——

敝會激於愛護民族國家心切，並不忍文化界與思想界爲共黨所利用，因有警告赤色電影大本營——藝華公司之行動。現爲貫澈此項任務計，擬對於文化界來一淸算，除對於良友圖書公司給予一初步的警告外，於所有各書局各刊物，均已有精密之調查。素知

貴……對於文化事業，熱心異人，爲特嚴重警告，對於赤色作家所作文字，如魯迅、

茅盾、蓬子、沈端先、錢杏邨及其他赤色作家之作，反動文字，以及反動劇評，蘇聯情況之介紹等，一律不得刊行，登載，發行。如有不遵，我們必以較對付藝華及良友公司更激烈更澈底的手段對付你們，決不寬假！此告

上海影界剷共同志會（十一，十三。）

…………

「一個『志士』，縱使『對於文化事業，熱心異人』，但若會在不知何時，飛來一個鎚子，打破值銀數百兩的大玻璃；『如有不遵』，更會在不知何時，飛來一頂紅帽子，送掉他比大玻璃更值錢的腦袋，那他當然是也許要灰心的。然則書店和報館之有些爲難，也就可想而知了。我既是被『揚長而去』的英雄們指定爲『赤色作家』，還是莫害他人，放下筆，靜靜的看一會把戲罷，所以這一本裏面的雜文，以十一月七日止，因爲從七日到恭逢警告的那時候——十一月十三日，我也並沒有寫些什麼的。

「但是，經驗使我知道，我在受着武力征伐的時候，是同時一定要得到文力征伐的。文人原多『煙士披離純』，何況現在嗅覺又特別發達了，他們深知道要怎樣『創作』才合式。這就到了我不批評社會，也不論人，而人論我的時期了，而我的工作是收材料。材料盡有，妙的却不多。紙墨更該愛惜，這裏僅選了六篇。官辦的『中央日報』討伐得最早，眞是得風氣之先，不愧爲『中央』；『時事新報』正當『全武行』全盛之際，最合時宜，却不免非常昏憒；『大晚報』和『大

美晚報』起來得最晚，這是因爲『商辦』的緣故，聰明，所以小心，小心就不免遲鈍，他剛才決計合夥來討伐，却不料幾天之後就要過年，明年是先行檢查書報，以惠商民，另結新樣的網，又是一個局面了。」

(八)「文壇與擂台」

中央日報副刊有兩篇文章，一是「雜感」，一是「文壇與擂台」，都是攻擊魯迅的雜文的，因爲他們對魯迅的「對於這樣又有感想，對於那樣又有感想」的雜文，深惡痛絕。魯迅對於他們的文章，認爲可以留在「後記」裏作爲參考。魯迅說：

「現在算是還沒有過年，先來中央日報的兩篇罷——

雜感　　　　洲

近來有許多雜誌上都在提倡小文章。『中報月刊』、『東方雜誌』以及『現代』上，都有雜感隨筆這一欄。好像一九三三眞要變成一個小文章年頭了。目下中國雜感家之多，遠勝於昔，大概此亦魯迅先生一人之功也。中國雜感家老牌，自然要推魯迅。他的師爺筆法，冷辣辣的，有他人所不及的地方。『熱風』、『華蓋集』、『華蓋續集』，去年則還出了什麼三心『二心』之類。照他最近一年來『幹』的成績而言大概五心六心也是不免的。魯迅先生久無創作出版了，除了譯一些俄國黑麵包之外。其餘便是寫雜感文章了。雜感文章，短短千言，自然可以一揮而就。則於抽捲煙之際，略轉腦子，結果就是十元千字。大概寫雜感文章有一個不二法門。不是熱罵，便是冷嘲。如能熱罵後再帶一句冷嘲或冷嘲裏夾兩句熱罵，則更佳矣。

不過普通一些雜感，自然是冷嘲的多。如對於某事物有所不滿，自然就不滿（迅案：此字似有誤）有冷嘲的文章出來。魯迅先生對於這樣也看不上眼，對於那樣也看不上眼，所以對於這樣又有感想，對於那樣又有感想了。

我們村上有個老女人，醜而多怪。一天到晚專門愛說人家的短處，到了東村頭搖了一下頭，跑到了西村頭嘆了一口氣。好像一切總不合她的胃。但是，你眞的問她倒底要怎樣呢，她又說不出。我覺得她倒有些像魯迅先生，一天到晚祇是諷刺，祇是冷嘲，祇是不負責任的發一點雜感。當眞你要問他究竟的主張，他又從來不給我們一個鮮明的回答。

（十月三十一日，中央日報的中央公園。）

文壇與擂台

鳴　春

上海的文壇變成了擂台。魯迅先生是這擂台上的霸王。魯迅先生好像在自己的房間裏帶了一付透視一切的望遠鏡，如果發現文壇上那一個的言論與行爲有些瑕疵，他馬上橫槍躍馬，打得人家落花流水。因此，魯迅先生就不得不花去可貴的時間，而去想如何鋒利他的筆端，如何達到挖苦人的頂點，如何要打得人家永不得翻身。

關於這，我替魯迅先生想想有些不大合算。魯迅先生你先要認清了自己的地位，就是反對你的人，暗裏總不敢否認你是中國頂出色的作家；既然你的言論，可以影響青年，那麼你的言論就應該慎重。請你自己想想，在寫『阿Q傳』之後，有多少時間浪費在筆戰上？而這種筆戰，對一般青年發生了何種影響？

第一流的作家們既然常時混戰，則一般文藝青年少不得在這戰術上學許多乖，流弊所及，往往越淮北而變枳，批評人的人常離開被批評者的言論與思想，筆頭一轉而去罵人家的私事，說人家眼鏡帶得很難看，甚至說人家皮鞋前面破了個小洞；甚至血僨脈張要辱及人家的父母，甚至要丟下筆桿動拳頭。我說，養成現在文壇上這種浮囂，下流，粗暴等等的壞習氣，像魯迅先生這一般人多少總要負一點兒責任的。

其實，有許多筆戰，是不需要的，譬如有人提倡詞的解放，你就是不罵，不見得有人去跟他也塡一首『管他娘』的詞；有人提倡讀『莊子』與『文選』，也不見得就是教青年去吃鴉片煙，你又何必咬緊牙根，橫睜兩眼，給人以難堪呢？

我記得一個精通中文的俄國文人 B. A. Vassiliev 對魯迅先生的阿Q傳曾經下過這樣的批評：『魯迅是反映中國大衆的靈魂的作家，其幽默的風格，是使人流淚，故魯迅不獨爲中國的作家，同時亦爲世界的一員。』魯迅先生，你現在亦垂垂老矣，你念起往日的光榮，當你現在閱歷最多，觀察最深，生活經驗最豐富的時候，更應當如何去發奮多寫幾部比『阿Q

傳』更偉大的著作？偉大的著作，雖不能傳之千年不朽，但是筆戰的文章，一星期後也許人就要遺忘。青年人佩服一個偉大的文學家，實在更勝於佩服一個擂台上的霸主。我們讀的是莎士比亞、托爾斯泰、哥德，這般人的文章，而並沒有看到他們的『罵人文選』。

（十一月十六日，中央日報的中央公園。）

「這兩位，一位比我為老醜的女人，一位願我有『偉大的著作』，說法不同，目的却一致的，就是討厭我『對於這樣又有感想，對於那樣又有感想』，於是而時時有『雜文』。這的確令人討厭的(70)，但因此也更見其要緊，因為『中國的大衆的靈魂』，現在是反映在我的雜文裏了。洲先生刺我不給他們一個鮮明的主張，這用意，我是懂得的；但頗詫異鳴春先生的引了莎士比亞之流一大串。不知道為什麼，近一年來，竟常常有人誘我去學托爾斯泰了，也許就因為『並沒有看到他們的「罵人文選」』，給我一個好榜樣。可是我看見過歐戰時候他罵皇帝的信(71)，在

(70) 鳴春的「文壇與擂台」和「現代」第五卷第五期（一九三四年九月一日）林希雋的「雜文與雜文家」一類文字。都是反雜文的。林希雋，當時上海復旦大學的學生，他在「雜文與雜文家」中說：「俄國為什麼能夠有『和平與戰爭』這類偉大的作品的產生？美國為什麼能夠有辛克萊、杰克倫敦等享世界盛譽的偉大的作家？而我們的作家呢，豈就永遠寫寫雜文而引為莫大的滿足麼？」所謂討厭雜文，就是討厭魯迅，當時是以雜文作為魯迅的標示。

(71) 托爾斯泰在一九〇四年日俄戰爭時，曾寫了一封給俄國皇帝和日本皇帝的信，指斥他們發動戰爭的罪惡。又托爾斯泰很不滿意當時的教會（那時俄國人奉的是希臘正教），在著作中常常猛烈地攻擊教會，曾於一九〇一年二月，被教會正式除名。可見托爾斯泰是有「罵人」文章的。

中國，也要得到『養成現在文壇上這種浮囂，下流，粗暴等等的壞習氣』的罪名的。托爾斯泰學不到，學到了也難做人，他生存時，希臘教徒就年年詛咒他落地獄。」

（九）關於「告密」和「放暗箭」

「時事新報」的副刊上，發表了「略論告密」和「略論放暗箭」，箭頭都是對準魯迅，而魯迅竟把它當成幽默的文章，抄錄他的「後記」中。「略論告密」意思是說魯迅總是指有人告他的密——使用化名——作者陳代最後是說：「要是告密，爲什麼一定要出之『公開的』形式？秘密的不是於告密者更爲安全？」好像是很有理由。因爲按道理說「公開的」還算告密嗎？而魯迅則反駁爲他們採用「公開的」發表文章告密，是「要告得像個『文學家』的緣故呀。」於是，這個攻擊的理由，又落了空。

「略論放暗箭」的作者，竟將唐弢當成了魯迅，也是荒唐的。這些人怎麼會是魯迅的對手？魯迅說：

「中間就夾兩篇時事新報上的文章——

略論告密　陳　代

最怕而且最恨被告密的可說是魯迅先生，就在僞自由書，『一名：不三不四集』的前記與後記裏也常可看到他在注意到這一點。可是魯迅先生所說的告密，並不是有人把他的住處，或者什麼時候，他在什麼地方，去密告巡捕房，（或者什麼要他的『密』的別的機關？）以致使他被捕的意思。他的意思，是有人把『因爲』他『舊日的筆名有時不能通用，便改題了』的什麼宣說出來，而使人知道『什麼就是魯迅』。

『這回』，魯迅先生說，『是王平陵先生告發於前，周木齋先生揭露於後』；他却忘了說編者暗示於魯迅先生尙未上場之先。因爲在何家幹先生和其他一位先生將上台的時候，編者先介紹說，這將上場的兩位是文壇老將。於是人家便提起精神來等那兩位文壇老將的上場。要是在異地，或者說換過一個局面，魯迅先生是也許會說編者是在放冷箭的。

看到一個生疏的名字在什麼副刊上出現，就想知道那個名字是眞名呢，還是別的熟名字的又一筆名，想也是人情之常。卽就魯迅先生說，他看完了王平陵先生的『「最通的」文藝』，便禁不住問：『這位王平陵先生我不知道是眞名還是筆名？』要是他知道了那是誰的筆名的話，他也許會說出那就是誰來的。這不會是怎樣的誣衊，我相信，因爲於他所知道的他不是在實說『柳絲是楊邨人先生……的筆名』，而表示着欺不了他？

還有，要是要告密，爲什麼一定要出之『公開的』形式？秘密的不是於告密者更爲安全？我有些懷疑告密者的聰敏，要是眞有這樣的告密者的話。

而在那些用這個那個筆名零星發表的文章，剪貼成集子的時候，作者便把這許多名字緊縮成一個，看來好像作者自己是他的最後的告密者(72)。

（十月二十一日，時事新報的青光。）

略論放暗箭　　陳　代

前日讀了魯迅先生的「僞自由書」的「前記」與「後記」，略論了告密的，現在讀了唐弢先生的「新臉譜」，止不住又要來略論放暗箭。

在「新臉譜」中，唐先生攻擊的方面是很廣的，而其一方是『放暗箭』。可是唐先生的文章又幾乎全爲『暗箭』所織成，雖然有許多箭標是看不大清楚的。

『說是受着潮流的影響，文舞台的戲兒一齣齣換了。脚色雖然依舊，而臉譜却是簇新的。』——是暗箭的第一條。雖說是暗箭，射倒射中了的。因爲現在的確有許多文脚色，爲要博看客的喝采起見，放着演慣的舊戲不演演新戲，嘴上還『說是受着潮流的影響』，以表示他的不落後。還有些甚至不要說脚色依舊，就是臉譜也並不簇新，只是換了一個新的題

---

(72) 這是說魯迅在報刊發表文章的時候，化了很多的名字，到他編印「文集」的時候，每一篇下署的化名仍然保存，不是「自己告自己的密」了。其實，魯迅這樣辦，一是那些化名，早已被人揭穿，二是在編印「文集」的時候把那些化名仍然印上，表示自己負責，——他可能想：反正在報刊發表時，已瞞過審查者了，到印文集時，沒有必要再瞞審查者，因爲那些文集出版時，反正是要禁止的。就露出本相吧。其實，這也是在說明作者在審查制度之下的委屈和反抗。激發讀者的共鳴的。這就是我常說的魯迅的聰明之處，他的目的是在獲得讀者乃至社會人士的同情，他在行文方面總是保住着弱者的姿態，也是同一之目的。

目，演的還是那舊的一套：如把『薛平貴西涼招親』改題着『穆薛姻緣』之類，內容都一切依舊。

第二箭是——不，不能這樣寫下去，要這樣寫下去，是要有很廣博的識見的，因爲那文章一句一箭，或者甚至一句數箭，看得人眼花頭眩，竟無從把它捉住，比讀硬性的緇譯還難懂得多。

可是唐先生自己似乎又並不滿意這樣的態度，不然爲什麼要罵人家『怪聲怪氣地吆喝，妞妞妮妮的挑戰？』然而，在事實上，他是在『怪聲怪氣地吆喝，妞妞妮妮的挑戰。』或者說，他並不是在挑戰，只是放放暗箭，因爲『鏖戰』，卽使是『拉拉扯扯的』，究竟吃力，而且『敗了』『再來』的時候還得去『重畫』臉譜。放暗箭多省事，躲在隱暗處，看到了什麼可射的，便輕展弓絃，而箭就向前舒散地直飛。可是他又在罵放暗箭。

要自己先能放暗箭，然後才能罵人放。

（十一月二十二日，時事新報的青光。）

「這位陳先生是討伐軍中的最低能的一位，他連自己後來的說明和別人豫先的揭發的區別都不知道。倘使我被謀害而終於不死，後來竟得『壽終×寢』，他是會說我自己乃是『最後的兇手』的。

他還問：要是要告密，爲什麼一定要出之『公開的』形式？答曰：這確是比較的難懂一點，但也就是因爲要告得像個『文學家』的緣故呀，要不然，他就得下野，分明的排進探壇裏去了。有意的和無意的的區別，我是知道的。我所謂告密，是指着叭兒們，我看這陳代先生就正是其中的一匹。你想，消息不靈，不是反而不便當麼？

第二篇恐怕只有他自己懂。我只懂得一點：他這回嗅得不對，誤以爲唐弢先生就是我了。採在這裏，只不過充充自以爲我的論敵的標本的一種而已。」

（一〇）錢基博的魯迅論

「大晚報」的副刊「火炬」上，刊出了一篇介紹錢基博所著「現代中國文學史」中的「魯迅論」，竟說魯迅是右傾的。眞是「獨具隻眼」。可見錢氏對新文學的不了解。魯迅說：

「其次是要剪一篇大晚報上的東西——

錢基博之魯迅論　　戚　施

近人有裒集關於批評魯迅之文字而爲魯迅論一書者，其中所收，類皆稱頌魯迅之辭，其實論魯迅之文者，有毀有譽，毀譽互見，乃得其眞。頃見錢基博氏所著現代中國文學史，至三十萬言，其論白話文學，不過一萬餘字，僅以胡適入選，而以魯迅，徐志摩附焉。於此諸人，大肆訾謷。邇來舊作文家，品藻文字，裁量人物，未有若錢氏之大膽者，而新人未嘗注意及之。茲特介紹其『魯迅論』於此，是亦文壇上之趣聞也。

錢氏之言曰，有摹仿歐文而謚之曰歐化的國語文學者，始倡於浙江周樹人之譯西洋小說，以順文直譯之爲尙，斥意譯之不忠實，而摹歐文以國語，比鸚鵡之學舌，託於象胥，斯爲作俑。效顰者乃至造述抒志，亦競歐化，小說月報，盛揚其焰。然而詰屈聱牙，過於周誥，學士費解，何論民衆？上海曹慕管笑之曰，吾儕生願讀歐文，不願見此妙文也！比於時裝婦人着高底西式女鞋，而跬步傾跌，益增醜態矣！崇效古人斥曰奴性，摹仿外國，獨非奴性耶。反唇之譏，或謔近虐！然始之創白話文以期言文一致，家喻戶曉者，不以歐化的國語文學之興而荒其志耶？斯則矛盾之說，無以自圓者矣，此於魯迅之直譯外國文學，及其文壇之影響，而加以訾警者也。平心論之，魯迅之譯品，誠有難讀之處，直譯當否是一問題，歐化的國語文學又是一問題，藉曰二者胥有未當，誰尸其咎，亦難言之也。錢先生而謂，鄙言爲不然耶？

錢先生又曰，自胡適之創白話文學也，所持以號於天下者，曰平民文學也！非貴族文學也。一時景附以有大名者，周樹人以小說著。樹人頹廢，不適於奮鬥。樹人所著，祇有過去回憶，而不知建設將來，祇見小己憤慨，而不圖福利民衆，若而人者，彼其心目，何嘗有民衆耶！錢先生因此而斷之曰，周樹人、徐志摩爲新文藝之右傾者。是則於魯迅之創作亦加以訾警，兼及其思想矣。至目魯迅爲右傾，亦可謂獨具隻眼，別有鑑裁者也！既不滿意於郭沫若、蔣光赤之左傾，又不滿於魯迅、徐志摩之右傾，而惟傾慕於所謂『讓淸』遺老之流風餘韻，低徊感喟而不能自已，錢先生之志皎然可覩矣。當今之世，左右做人難，是非無定質，亦於錢先生之論魯迅見之也！

錢氏此書出版於本年九月，尚有上年十二月之跋記云。

（十二月二十九日，大晚報的火炬。）

「這篇大文，除用戚施先生的話，讚爲『獨具隻眼』之外，是不能有第二句的。眞『評』得連我自己也不想再說什麼話了。然而我覺得牠很有趣，所以特別的保存起來，也是以備『魯迅論』之一格。」

（二）關於「罵人與自供」

「罵人與自供」是王平陵先生批評魯迅的文章，這是三十年代的作品，到五十年代，王先生已到臺灣，當我們在景美仙跡岩半山上比鄰而居的時候，他曾談到這一回事，他說：「我被魯迅罵過！」以證明他在三十年代是從事文藝工作的，而且是與魯迅對立的，言下有得意之狀。這是五十年代初，剛來臺灣時的文壇怪現象。這一點，在「僞自由書後記」裏談到過一點。魯迅說：

「最後是大美晚報，出臺的又是曾經有過文字上的交涉的王平陵先生——

罵人與自供　王平陵

學問之事，很不容易說，一般通材碩儒每不屑與後生小子道長論短，有所述作，無不議爲『淺薄無聊』；同樣，看着那般通材碩儒們言必稱蘇俄，文必宗普魯，亦頗覺得如嚼青梅，齒頰間酸不可耐。

世界上無論什麼紛爭，都有停止的可能，惟有人類思想的衝突，因爲多半是近於意氣，斷沒有終止的時候的。有些人好像把毀謗人家故意找尋人家的錯誤當作是一種職業；而以直接否認一切就算是間接抬高自己的妙策了。至於自己究竟是什麼東西，那祇許他們自己知道，別人是不准過問的。其實，有時候這些人意在對人而發的陰險的暗示，倒並不適切；而正是他們自己的一篇不自覺的供狀。

聖經裏好像有這樣一段傳說：一羣街頭人捉着一個偷漢的淫婦，大家要把石塊打死她。耶穌說：『你們反省着！祇有沒有犯過罪的人，才配打死這個淫婦。』羣衆都羞愧地走開了。今之文壇，可不是這樣？自己偷了漢，偏要指說人家是淫婦。如同魯迅先生慣用的一句刻毒的評語，就是罵人是代表官方說話；我不知道他老先生是代表什麼『方』說話！

本來，不想說話的人，是無話可說；有話要說的人誰也不會想到是代表那一方。魯迅先生常常『以己之心，度人之心，』未免『躬自薄而厚責於人』了。

像這樣的情形，文壇有的是，何止是魯迅先生。

（十二月三十日，大美晚報的火炬。）

「記得在僞自由書裏，我曾指王先生的高論爲屬於『官方』，這回就是對此而發的，但意義却不大明白。由『自己偷了漢，偏要指說人家是淫婦』的話看起來，好像是說我倒是『官方』，而不知『有話要說的人誰也不會想到是代表那一方』的。所以如果想到了，那麼，說人反動的，他自己正是反動，說人匪徒的，他自己正是匪徒……且住，又是『刻毒的評語』了，耶穌不說過『你們反省着』嗎？——爲消災計，再添一條小尾：這壞習氣只以文壇爲限，與官方無干。

王平陵先生是電影檢查會的委員，我應該謹守小民的規矩[73]。」

(二)「在圍剿中更加生長起來了」

「在圍剿中更加生長起來了」這一句話，是魯迅在「准風月談後記」的總結中的話。意思是說，他的文章雖然被禁止發表，但他用了種種化名，雖然隨用隨被揭露，還是發表了許多文章。魯迅說：

「眞的且住。寫的和剪貼的，也就是自己的和別人的，化了大半夜工夫，恐怕又有八九千字了。這一條尾巴又並不小。

「時光，是一天天的過去了，大大小小的事情，也跟着過去，不久就在我們的記憶上消亡；而

---

[73] 魯迅在「僞自由書」裏說到過王平陵，這一回直指王平陵是「電影檢查會委員」，確定是官方的人了。那時，有一股特別的風氣，就是說那個文人是官方的，讀者的觀感就變了樣。魯迅對付王平陵，便是利用這種風氣，使王平陵在當時失去讀者，所以，有人說魯迅是老薑，愈老愈辣。

且都是分散的，就我自己而論，沒有感到和沒有知道的事情眞不知有多少。但卽此寫了下來的幾十篇，加以排比，又用『後記』來補敍些因此而生的糾紛，同時也照見了時事，格局雖小，不也描出了或一形象了麼？——而現在又很少有肯低下他仰視莎士比亞、托爾斯泰的尊臉來，看看暗中，寫牠幾句的作者。因此更使我要保存我的雜感，而且牠也因此更能够生存，雖然又因此更招人憎惡，但又在圍剿中更加生長起來了。嗚呼，『世無英雄，遂使豎子成名，』這是爲我自己和中國的文壇，都應該悲憤的。

「文壇上的事件還多得很：獻檢查之秘計(74)，施離析之奇策(75)，起謠諑兮中權(76)，藏眞實兮心曲，立降旛於往年(77)，溫故交於今日……然而都不是做這准風月談時期以內的事，在這裏也且不提及，或永不提及了。還是眞的帶住罷，寫到我的背脊已經覺得有些痛楚的時候了。

一九三四年十月十六夜，魯迅記於上海。」

(74) 據說是北新書局總編輯兼「青年界」主編的趙景深向當局建議：將原稿送審，等到經過檢查，得了許可，才付印。此事在「且介亭雜文二集後記」中有說明。

(75) 這倒是說「左聯」中「創」、「太」二社的人，利用小報暗中攻擊魯迅的事。

(76) 中權，指古代軍隊中制訂謀略發號施令的中軍。「左傳」宣公十二年：「前茅慮無，中權後勁。」晉朝杜預注：「中軍制謀，後以精兵爲殿。」故稱中軍爲中權，後殿爲後勁。在這裏是說在文壇上運用造謠的陰謀手段。指「左聯」中利用小報造謠的人。

(77) 是指楊邨人等許多脫離「左聯」的人。

三、「且介亭二集」的「後記」

——禁書、審查原稿、和帶着枷鎖的跳舞——

魯迅的「且介亭雜文」共三集，一、二集是魯迅自己編輯的，所以，在「二集」中作了一篇「後記」，歷敍一九三四年及一九三五年文壇的花絮。「末編」是在魯迅死後，其妻許廣平就遺稿中，檢出魯迅放在一起的一束稿子，編成的。

這三集「且介亭雜文」，是魯迅晚年最後的雜文集子，名爲「且介亭」者就是半個租界的意思，藉以紀念他最後十年在上海是住在北四川路，是帝國主義者越界築馬路的區域，是在租界之外，稱謂半個租界。三十年代的「革命文學」的製造所，便是租界。魯迅用「且介」二字代表半個租界，實在是刻意命名的。魯迅在「且介亭雜文」的「序言」中說：

「近幾年來，所謂『雜文』的產生，比先前多，也比先前更受着攻擊。例如自稱『詩人』邵洵美，前『第三種人』施蟄存和杜衡即蘇汶，還不到一知半解程度的大學生林希雋之流，就都和雜文有切骨之讎，給了種種罪狀的。然而沒有效，作者多起來，讀者也多起來了。

「其實『雜文』也不是現在的新貨色，是『古已有之』的，凡有文章，倘若分類，都有類可歸，如果編年，那就只按作成的年月，不管文體，各種都夾在一處，於是成了『雜』。分類有益於揣摩文章，編年有利於明白時勢，倘要知人論世，是非看編年的文集不可的，現在新作的古人年譜的流行，卽證明着已經有許多人省悟了此中的消息。況且現在是多麼切迫的時候，作者的任務，是在對於有害的事物，立刻給以反響或抗爭，是感應的神經，是攻守的手足，潛心於他的鴻篇鉅製，爲未來的文化設想，固然是很好的，但爲現在抗爭，却也正是爲現在和未來的戰鬪的作者，因爲失掉了現在，也就沒有了未來。

「戰鬪一定有傾向。這就是邵、施、杜、林(78)之流的大敵，其實他們所憎惡的是內容，雖然披了文藝的法衣，裏面却包藏着『死之說敎者』，和生存不能兩立。

「這一本集子和『花邊文學』，是我在去年一年中，在官民的明明暗暗，輭輭硬硬的圍剿『雜文』的筆和刀下的結果，凡是寫下來的，全在這裏面。當然不敢說是詩史，其中有着時代的眉目，也決不是英雄們的八寶箱，一朝打開，便見光輝燦爛。我只在深夜的街頭擺着一個地攤，所有的無非幾個小釘，幾個瓦碟，但也希望，並且相信有些人會從中尋出合於他的用處的東西。

一九三五年十二月三十日，記於上海之且介亭。」

魯迅在「且介亭雜文二集」的「序言」中說：

「昨天編完了去年的文字，取發表於日報的短論以外者，謂之且介亭雜文；今天再來編今年的，因爲除做了幾篇『文學論壇』，沒有多寫短文，便都收錄在這裏面，算是『二編』。

(78) 邵是邵洵美，施是施蟄存，杜是杜衡，林是林希雋。

「過年本來沒有什麼深意義，隨便那天都好，明年的元旦，決不會和今年的除夕就不同，不過給人事藉此時算有一個段落，結束一點事情，倒也便利的。倘不是想到了已經年終，我的兩年以來的雜文，也許還不會集成這一本。

「編完以後，也沒有什麼大感想。要感的感過了，要寫的也寫過了，例如『以華制華』之說罷，我在前年的『自由談』上發表時，曾大受傅公紅蓼(79)之流的攻擊，今年才又有人提出來，却是風平浪靜。一定要到得『不幸而吾言中』，這才大家默默無言，然而爲時已晚，是彼此都大可悲哀的。我寧可如邵洵美輩的『人言』之所說：『意氣多於議論，揑造多於實證。』

「我有時決不想在言論界求得勝利，因爲我的言論有時是梟鳴，報告着大不吉利事，我的言中，是大家會有不幸的。在今年，爲了內心的冷靜和外力的迫壓，我幾乎不談國事了，偶爾觸着的幾篇，如『什麼是諷刺，』如『從幫忙到扯淡』，也無一不被禁止。別的作者的遭遇，大約也是如此的罷，而天下太平，直到華北自治，才見有新聞記者懇求保護正當的輿論。我的不正當的輿論，却如國土一樣，仍在日卽於淪亡，但是我不想求保護，因爲這代價，實在是太大了。

(79) 傅紅蓼是鴛鴦蝴蝶派作家之一，原在「申報」供職。抗戰勝利後，到臺灣，在「新生報」編副刊。在政府於三十八年（一九四九）十二月七日遷設臺北之後，傅紅蓼主持的「新生副刊」，曾攻擊魯迅達兩月之久。他是以魯迅代表中共的。這一認識竟被很多人認同。其實，魯迅並非共黨，不過，中共一直是在利用魯迅而已。

單將這些文字，過而存之，聊作今年筆墨的紀念罷。一九三五年十二月三十一日，魯迅記於上海之且介亭。」

魯迅的「且介亭雜文」和「二集」的編輯時間，他註明是一九三五年十二月三十日和三十一日。一九三五年就是民國二十四年，距魯迅之死僅有九個月另十九日；同時，那時的時代背景是：日本對中國的侵略，日益猖狂，政府是在一面應付，一面準備。中共困居陝北一隅，僅餘三萬餘人，在政府軍大力圍剿之下，瀕臨滅亡的境地，於是，發動左傾報刊，極力宣傳鼓動抗日，反對政府的「安內攘外」政策。魯迅在這時，便是特別鼓動抗日的。當時民衆尤其是青年，只見日本侵略節節進逼，都是義憤填膺，恨不得馬上與日本侵略軍作戰，把日寇趕出國境去。

魯迅等就掌握了這一機勢，用種種化名將宣傳抗日和批評政府的雜文發表出去，他用的是幽默筆調，竭力避免枯燥，因之，他的文字能在「嚴禁」之下，流傳出去。反對他的文字，便沒有這種便利。

（一）關於「道路傳聞」的造謠

蘇汶（杜衡）因「道路傳聞」他加入××會，每月薪金七十元的消息，可知文藝雖不受時空限制，却頗受（大洋）的限制了。遂函「火炬」編者表示不勝憤慨。魯迅就特別挖苦他，認爲他經不起「道路傳聞」的造謠。魯迅就以自己爲例，說到對謠言的態度是不理會的。魯迅說：

「這一本的編輯的體例，是和前一本相同的，也是按照着寫作的時候。凡在刊物上發表之作，上半年也都經過官廳的檢查，大約總不免有些刪削，不過我懶於一一校對加上黑點爲記了。只要看過前一本，就可以明白犯官忌的是那些話。

「被全篇禁止的有兩篇：一篇是『什麼是諷刺』，爲文學社的『文學百題』(80)而作，印出來時變了一個『缺』字；一篇是『從幫忙到扯淡』，爲『文學論壇』而作，至今無踪無影，連『缺』字也沒有了。

「爲了寫作者和檢查者的關係，使我間接的知道了檢查官(81)，有時頗爲佩服。他們的嗅覺是很靈敏的，我那一篇『從幫忙到扯淡』原在指那些唱導什麼兒童年，婦女年，讀經救國，敬老正俗，中國本位文化，第三種人文藝等等的，一大批政客豪商，文人學士，從已經不會幫忙，只能扯淡這方面看起來，確也應該禁止的，因爲實在看得太明，說得太透。別人大約也和我一樣的佩服，所以早有文學家做了檢查官的風傳，致使蘇汶先生在一九三四年十二月七日的『大晚報』上發表了這樣的公開信：

(80)「文學百題」，傅東華編，執筆者六十餘人，內容是關於文學概論、文學批評、文學史、各部門的問題，係由編者分頭約人寫成，一九三五年七月，生活書店出版。此書原列百題，出版時只存七十四題，有題無文的題目下面都注有一個「闕」字。

(81)當時的中國國民黨中央宣傳部圖書雜誌審查委員會。

『火炬』編輯先生鑑：

頃讀本月四日貴刊『文學評論』專號，載署名聞問君的文學雜談一文，中有——

「據道路傳聞蘇汶先生有以七十元一月之薪金彈冠入××（照錄原文）會消息，可知文藝雖不受時空限制却頗受（大洋）限制了。」

等語，聞之不勝憤慨。汶於近數年來，絕未加入任何會工作，並除以編輯『現代雜誌』及賣稿糊口外，亦未受任何組織之分文薪金。所謂入××會云云，雖經×報謠傳，均以一笑置之。不料素以態度公允見稱之貴刊，亦復信此讕言，披諸報端，則殊有令人不能已於言者，汶爲愛護貴刊起見，用特申函奉達，尚祈將原書賜登最近貴刊，以明眞相是幸。專此敬頌

編安。

蘇汶（杜衡）謹上。十二月五日。

「一來就說作者得了不正當的錢是近來文壇上的老例，我被人傳說拿着盧布就有四五年之久，直到九一八後，這才將盧布說取消，換上了『親日』的更加新鮮的罪狀。我是一向不『爲愛護貴刊起見』的，所以從不寄一封辨正信。不料越來越濫，竟謠到蘇汶先生頭上去了，可見謠言多的地方，也是『有一利必有一弊』。但由我的經驗說起來，檢查官之『愛護』『第三種人』却似乎是眞的，我去年所寫的文章，有兩篇冒犯了他們，一篇被刪掉（病後雜談之餘），一篇被禁止（臉譜臆測）了。也許還有類於這些的事，所以令人猜爲『入××（照錄原文）會』了罷。這眞

應該『不勝憤慨』，沒有受慣奚落的作家，是無怪其然的。

「然而在對於眞的造謠，毫不爲怪的社會裏，對於眞的收賄，也就毫不爲怪。如果收賄會受制裁的社會，也就要制裁妄造收賄的謠言的人們。所以用造謠來傷害作家的期刊，它只能作報銷，在實際上很少功效。」

（二）關於用日文寫的四篇文章

魯迅在這裏說明，他用日文寫的四篇文章，自己翻譯過來，收在這個集子裏。並說明每一篇的用意。最主要的是第三篇「中國小說史略」日譯本的序文，乃對陳源即西瀅教授說他「整大本的剽竊」的再反駁，這雖是十年前的事，那時，陳先生並未實際考證而隨便說了「剽竊」，魯迅雖當時有反駁，但在十年之後，仍然在這「後記」裏，痛罵了一頓。由此事證明，在批評人時，是不能用造謠的方式誣陷人的。魯迅說：

「其中的四篇，原是用日文寫的，現在自己譯出，並且對於中國的讀者，還有應該說明的地方——

一、『活中國的姿態』的序文裏，我在對於『支那通』加以譏刺，且說明日本人的喜歡結論，語意之間好像笑着他們的粗疏。然而這脾氣是也有長處的，他們急於尋求結論，是因爲急於實行的緣故，我們不應該笑一笑就完。

二、『現代中國的孔夫子』是在六月號的『改造』雜誌上發表的，這時我們的『聖裔』正在東京拜他們的祖宗，與高采烈。曾由亦光君譯出，載於『雜文』雜誌[82]第二號（七月），現在略加改定，轉錄在這裏。

三、在『中國小說史略』日譯本的序文裏，我聲明了我的高興，但還有一種原因却未曾說出，是經十年之久，我竟報復了我個人的私讎。當一九二六年時，陳源卽西瀅教授，曾在北京公開對於我的人身攻擊，說我的這一部著作，是竊取鹽谷溫教授的『支那文學概論講話』裏面的『小說』一部分的；『閒話』裏的所謂『整大本的剽竊』指的也是我。現在鹽谷教授的書早有中譯，我的也有了日譯，兩國的讀者，有目共見，有誰指出我的『剽竊』來呢？嗚呼，『男盜女娼』是人間大可恥事，我負了十年『剽竊』的惡名，現在總算可以卸下，並且將『謊狗』的旗子，回敬自稱『正人君子』的陳源教授，倘他無法洗刷，就只好插着生活，一直帶進墳墓裏去了[83]。

四、『關於陀思妥夫斯基的事』是應三笠書房之託而作的，是寫給讀者看的介紹文，但我在這裏，說明着被壓迫者對於壓迫者，不是奴隸，就是敵人，決不能成為朋友，所以彼此的道德，

---

[82] 「雜文」，月刊，勃生編，一九三五年五月在日本東京創刊，出至三期，被國民政府禁止，第四期改名「質文」，不久停刊。

[83] 陳源在「閒話」中說，魯迅的「中國小說史略」是「整大本的剽竊」，因為不是事實，一直被魯迅諷刺和謾罵。正如梁實秋說魯迅領取盧布，其實魯迅在當時沒有拿俄國的錢，而是拿了國民政府的錢。

並不相同。」

(三) 感念幫他逃難的日人

魯迅在這集子裏收進了一篇「鎌田誠一墓記」，他在「後記」裏說明，在民國二十一年（一九三二）一二八日軍侵入上海時，內山書店的店員鎌田誠一曾經幫他一家逃難到英租界。鎌田君到民國二十二年（一九三三）七月病死在故鄉。他寫一墓記，說：「方期再造，展其英才，而醫藥無靈，終以不起。嗚呼，昊天難測，蕙荃早摧，……忝居友列，銜哀記焉。」從他這樣感念幫忙他的日人，就可以知道魯迅隱居上海，遇危難時，內山書店是幫助他的。魯迅說：

「臨末我還要紀念鎌田誠一君，他是內山書店的店員，很愛繪畫，我的三回德、俄木刻展覽會，都是他獨自布置的；一二八的時候，則由他送我和我的家屬，以及別的一批婦孺逃入英租界。三三年七月，以病在故鄉去世，立在他的墓前的是我手寫的碑銘。雖在現在，一想到那只是當作有趣的記載着我的被打被殺的新聞，以及爲了八十塊錢，令我往返數次，終於不給的書店，我對於他，還是十分感愧的。」

(四) 關於「現在不大寫文章」和暗示「禁書」的影響

關於前進的青年指魯迅，現在不大寫文章的話，魯迅大爲慨歎，原因是所謂「前進青年」

者，就是指「左聯」中周揚之流的人，攻擊魯迅的話。魯迅在這裏除了說明他寫文章很積極之外，還特別舉出「禁書」的影響。他說：

「近兩年來，又時有前進的青年，好意的可惜我現在不大寫文章，並聲明他們的失望；我的只能令青年失望，是無可置辯的，但也有一點誤解。今天我自己查勘了一下：我從在『新青年』上寫『隨感錄』起，到寫這集子裏的最末一篇止，共歷十八年，單是雜感，約有八十萬字。後九年中所寫的，比前九年多兩倍；而這後九年中，近三年所寫的字數，等於前六年，那麼，所謂『現在不大寫文章』，其實也並非確切的核算。而且這些前進的青年，似乎誰都沒有注意到現在的對於言論的迫壓。也很是令人覺得詫異的。我以爲要論作家的作品，必須兼想到周圍的情形。」

（五）關於禁書問題

魯迅在這篇「後記」中，將大美晚報上刊載的「中央黨部禁止新文藝作品」的新聞剪貼下來，加以敍述，中間種種經過，頗見當時的官僚作風。當時，是國民黨「以黨治國」的訓政時期，故可以直接命令「禁書」。但，「禁書」的效果不彰，因爲越禁越有人要看，反而在暗中流通。此點，蔣夢麟先生曾有很正確的批評（見註❼）。魯迅特別費了很多的筆墨，意在諷刺當局。魯迅說：

「自然，這情形是極不容易明瞭的，因爲倘一公開，作家要怕受難，書店就要防封門，然而如果自己和出版界有些相關，便可感覺到這裏面的一部份消息。現在我們先來回憶一下已往的公開的事情。也許還有讀者記得，中華民國二十三年（一九三四年）三月十四日的大美晚報上，曾經登有一則這樣的新聞——

中央黨部禁止新文藝作品

滬市黨部於上月十九日奉中央黨部電令，派員挨戶至各新書店，查禁書籍至百四十九種之多，牽涉書店二十五家，其中有曾經市黨部審查准予發行，或內政部登記取得著作權，且有各作者之前期作品，如丁玲之在黑暗中等甚多，致引起上海出版業之恐慌，由新書業組織之中國著作人出版人聯合會集議，於二月二十五日推舉代表向市黨部請願結果，蒙市黨部依允轉呈中央，將各書重行審查，從輕發落，同日接中央覆電，允予照准各書店於復審期內，須將被禁各書，一律自動封存，不再發賣，玆將各書店被禁書目，分錄如次：（略）

出版界不過是藉書以貿利的人們，只問銷路，不管內容，存心『反動』的是很少的，所以這請願頗有了好結果，爲『體恤商艱』起見，竟解禁了三十七種，應加刪改，才准發行的是二十二種，其餘的還是『禁止』和『暫緩發售』。這中央的批答和改定的書目，見於出版消息[84]第三十三期（四月一日出版）——

中國國民黨上海特別市執行委員會批答執字第一五九二號

---

[84]「出版消息」，半月刊，一九三二年十二月一日創刊，上海樂華圖書公司發行。

（呈爲奉令禁燬大宗刊物附奉說明書懇請轉函中宣會重行審核從輕處置以恤商艱由）

呈件均悉查此案業准

中央宣傳委員會公函並決定辦法五項一、平林泰子集等三十種，早經分別查禁有案，應切實執行前令，嚴予禁燬以絕流傳；二、政治經濟學批判等三十種，內容宣傳普羅文藝、或挑撥階級鬪爭、或詆毀黨國當局，應予禁止發售；三、浮士德與城等三十一種，或係介紹普羅文學理論、或係新俄作品、或含有不正確意識者、頗有宣傳反動嫌疑，在剿匪嚴重時期內應暫禁發售；四、創造十年等二十二種，內容間有詞句不妥、或一篇一段不妥、應删改或抽去後，方准發售；五、聖徒等三十七種，或係戀愛小說、或係革命以前作品、內容均尚無礙，對於此三十七種書籍之禁令，准予暫緩執行；用特分別開列各項書名單，函達查照、轉飭遵照等由，合仰該書店等遵照中央決定各點，並單開各種刊物分別繳燬停售具報，毋再延誤是爲至要！件存、此批。

「附抄發各項書名單一份」

中華民國二十三年三月二十日

常務委員　吳醒亞

潘公展

童行白

先後查禁有案之書目（略）

「這樣子，大批禁燬書籍的案件總算告一段落，書店也不再開口了(85)。」

（六）關於審查原稿

——中央圖書雜誌審查委員會之成立與工作——

大批禁書分別處理之後，某雜誌編輯（據說是趙景深）建議審查原稿，免得出書之後再查禁，要好得多。不久，便成立了「中央圖書雜誌審查委員會」審查報刊的原稿，發生許多笑話。但亦有作家參加，例如「現代」雜誌的基本作家以「南北極」、「公墓」等小說集出名的穆時英，便被聘爲中央圖書雜誌審查委員。施蟄存在「現代雜憶」一文中說：「穆時英被收買了」。便是指的這件事。魯迅說：

「然而還剩着困難的問題：書店是不能不陸續印行新書和雜誌的，所以還是永遠有陸續被扣留，查禁，甚而至於封門的危險。這危險，首先於店主有虧，那就當然要有補救的辦法。不多久，出版界就有了一種風聞——眞只是一種隱約的風聞——

---

(85) 魯迅特別將此種禁書名單，及後來書店向中國國民黨上海特別市執行委員會請願，得到「體恤商艱」的批答，解禁了三十七種，應刪改的二十二種，其餘的是「禁止」和「暫緩發售」，詳細書目刊在「出版消息」第三十三期等等情況，列在「後記」中，是有「立此存照」的意思，也是企圖獲得讀者同情的意思。

「不知道何月何日，黨官、店主和他的編輯，開了一個會議，討論善後的方法。着重的是在新的書籍雜誌出版，要怎樣才可以免於禁止。聽說這時就有一位雜誌編輯先生某甲獻議先將原稿送給官廳，待到經過檢查，得了許可，這才付印，文字固然決不會『反動』了，而店主的血本也得保全，眞所謂公私兼利。別的編輯們好像也無人反對，這提議完全通過了。散出的時候，某甲之友也是編輯先生的某乙，很感動的向或一書店代表道：『他犧牲了個人，總算保全了一種雜誌！』『他』者，某甲先生也；推某乙先生的意思，大約是以爲這種獻策，頗於名譽有些損害的。其實這不過是神經衰弱的憂慮。卽使沒有某甲先生的獻策，檢查書報是總要實行的，不過用了別一種緣由來開始，況且這獻策在當時，人們不敢縱談，報紙竟不敢記載，大家都認某甲先生爲功臣，於是也就是虎鬚，誰也不敢捋，所以至多不過交頭接耳，局外人知道的就很少，——於名譽無關。

「總而言之，不知何年何月，中央圖書雜誌審查委員會到底在上海出現了，於是每本出版物上，就有了一行『中宣會圖書雜誌審查委員會審查證……字第……號』字樣，說明着該抽去的已經抽去，該刪改的已經刪改，並且保證着發賣的安全——不過也並不完全有效，例如我那二心集被刪剩的東西，書店改名拾零集[86]，是經過檢查的，但在杭州仍被沒收。這種亂七八糟，自然是

[86] 「拾零集」，共收雜文十六篇，一九三四年十月，合衆書店出版。該書封面印有「本書審查證審字五百五十九號」字樣。

普通現象，並不足怪，但我想，也許是還帶着一點私仇，因爲杭州省黨部的有力人物，久已是復旦大學畢業生許紹棣老爺之流，而當語絲登載攻擊復旦大學的來函時，我正是編輯，開罪不少。爲了自由大同盟而呈請中央通緝『墮落文人魯迅』，也是浙江省黨部發起的[87]，但至今還沒有呈請發掘祖墳，總算黨恩高厚。

「至於審查員，我疑心很有些『文學家』，倘不，就不能做得這麼令人佩服。自然，有時也删禁得令人莫名其妙，我以爲這大概是在示威，示威的脾氣，雖是文學家也很難脫體的，而且這也不算是惡德。還有一個原因，則恐怕是在飯碗。要喫飯也決不能算是惡德，但喫飯，審查的文學家和被審查的文學家却一樣的艱難，他們也有競爭者，在看漏洞，一不小心便會被搶去了飯碗，所以必須常常有成績，就是不斷的禁，删，禁，删，第三個禁，删，我初到上海的時候，曾經看見一個西洋人從旅館裏出來，幾輛洋車便向他飛奔而去，他坐了一輛，走了。這時忽然來了一位巡捕，便向拉不到客的車夫的頭上敲了一棒，撕下他車上的照會。我知道這是車夫犯了罪的意思，然而不明白爲什麼拉不到客就犯了罪，因爲西洋人只有一個，當然只能坐一輛，他也並沒

---

[87] 魯迅編「語絲」時，開罪了許紹棣等人，此時許已供職浙江省黨部，魯迅於一九三〇年二月簽名「自由大同盟」（「中國自由運動大同盟」的簡稱），因該「同盟」是中共支持領導的羣衆團體。魯迅既爲發起人之一，浙江省黨部就呈請通緝「墮落文人魯迅」了。據魯迅說當時是有人請客座談，中間曾提到自由同盟的事，魯迅有事先走了。後來有人提議當時簽名者作爲發起人，第二天就見報了。他並不是要作發起人的。所以通緝他，他頗有怨言云。

有爭。後來幸蒙一位老上海告訴我，說巡捕是每月總得捉多少犯人的，要不然，就算他懶惰，於飯碗頗有礙。眞犯罪的不易得，就只好這麼創作了。我以爲審查官的有時審得古裏古怪，總要在稿子上打幾條紅槓子，恐怕也是這緣故。倘使眞的這樣，那麼，他們雖然一定要把我的『契訶夫選集』[88]做成『殘山賸水』，我也還是諒解的。

「這審查辦得很起勁，據報上說，官民一致滿意了。九月二十五日的中華日報云——

中央圖書雜誌審查委員會工作緊張

中央圖書雜誌審查委員會，自在滬成立以來，迄今四閱月，審查各種雜誌書籍，共計有五百餘種之多，平均每日每一工作人員審查字，在十萬以上，審查手續，異常迅速，雖得公巨著，至多不過二天，故出版界咸認爲有意想不到之快，予以便利不少，至該會審查標準，如非對黨對政府絕對顯明不利之文字，請其删改，餘均一秉大公，無私毫偏袒，故數月來相安無事，過去出版界，因無審查機關，往往出書以後，受到扣留或查禁之事，自審查會成立後，此種事件，已不再發生矣，聞中央方面，以該會工作成績優良，而出版界又甚需要此種組織，有增加內部工作人員計劃，以便利審查工作云。」

---

[88] 這是指魯迅翻譯的「壞孩子和別的奇聞」。該書收契訶夫初期的短篇小說八篇，一九三六年聯華書店出版。其中七篇的譯文，曾先在「譯文」月刊上發表，而「波斯勳章」一篇則被那時的「中央圖書雜誌審查委員會」禁止刊載。

（七）關於「新生」的「閒話皇帝」事件

——中央圖書雜誌審查委員會之取消——

民國二十四年（一九三五）五月，上海「新生」週刊發表「閒話皇帝」一文，泛論中外君主制度，當然也談到日本天皇。日本駐上海總領事竟藉口「侮辱天皇，妨害邦交」向國民政府提出抗議。當時，國民政府正在實行先「安內」後「攘外」的政策（並秘密準備實力），對日本的外交，採取忍讓態度，以爭取時間。故而，聽從日本總領事之抗議，查封「新生」週刊，並將主編杜重遠判處徒刑。是爲「新生」的「閒話皇帝」事件，引起全國的震撼，而民間反日的運動遂更形高張。魯迅用諷刺的口吻說：

「如此善政，行了還不到一年，不料竟出了『新生』的『閒話皇帝』事件。大約是受了日本領事的警告罷，那雷厲風行的辦法，比對於『反動文字』還要嚴：立刻該報禁售，該社封門，編輯者杜重遠已經自認該稿未經審查，判處徒刑，不准上訴的了，却又革掉了七位審查官，一面又往書店裏大搜涉及日本的舊書，牆壁上貼滿了『敦睦邦交』的告示。出版家也顯出孤苦零丁模樣，據說：這『一秉大公』的『中央宣傳部圖書雜誌審查委員會』不見了，拿了稿子，竟走投無路。

「那麼，不是還我自由，飄飄然了麼？並不是的。未有此會以前，出版家倒還有一點自己的脊梁，但已有此會而不見之後，却眞覺得有些搖搖擺擺。大抵的農民，都能够自己過活，然而奧國和俄國解放農奴時，他們中的有些人，却哭起來了，因爲失了依靠，不知道自己怎麼過活。況且我們的出版家並非單是『失了依靠』，乃是遇到了某甲先生獻策以前的狀態，又會扣留，查禁，封門，危險得很。而且除怕被指爲『反動文字』以外，又得怕違反『敦睦邦交令』了。已被『訓成軟骨症的出版界，又加上了一副重擔，當局對於內交，又未必肯怎麼『敦睦』，而『禮讓爲國』，也急於『體恤商艱』，所以我想，自有『審查會』而又不見之後，出版界的一大部份，倒眞的成了孤哀子了。

「所以現在的書報，倘不是先行接洽，特准激昂，就只好一味含糊，但求無過，除此之外，是依然會有先前一樣的危險，挨到木棍，撕去照會的。

評論者倘不瞭解以上的大略，就不能批評近三年來的文壇。卽使批評了，也很難中肯[89]。

我在這一年中，日報上並沒有投稿。凡是發表的，自然是含糊的居多。這是帶着枷鎖的跳舞[90]，當然只足發笑的。但在我自己，却是一個紀念，一年完了，過而存之，長長短短，共四十七篇。

[89] 這一段「中央圖書雜誌審查委員會」的成立和取消的經過，是研究當時文壇背景的好資料。它的得失亦可供參考。

[90] 「帶着枷鎖的跳舞」，是魯迅說他的這些雜文，都是很細心的，都是一些曲曲折折，繞着彎說話，避免違犯忌諱。他說這話的意思，是請讀者用心看他的雜文，要尋出言外之意。所以，這一句話，不僅是要求人們的同情，還帶有十足的煽動性。

一九三五年十二月三十一夜半至一月一日晨，寫訖。」

四、簡單的結論

其實，要說的話，已在「小引」裏說過了。

在這三篇魯迅雜文集的「後記」中，可以看到三方面的情況，雖說不够詳盡，但可以從魯迅的許多「反語」諷刺中，得到比較眞實的一鱗半爪。那三方面是：

一、屬於中共利用文藝的：它成立了「左聯」，利用魯迅的聲望，進行統戰工作。但魯迅知道被利用，亦時有反抗的心聲。

二、屬於反「左聯」的文藝團體和個人的：這種文藝團體不僅拿不出令人欽佩的貨色，而且往往見首不見尾的不能作持久的戰鬪。至於個人則更是往往虛幌一槍的居多。

三、屬於黨和政府[91]的：沒有很好的文藝政策，即便有一些方案和計劃，執行的也不够澈

---

[91] 這是指中國國民黨和國民政府。民國十七年（一九二八）十月十日，國民政府主席蔣中正發表告全國民衆書，開始實行訓政。是「以黨治國」的開始。宣稱「黨外無黨」，除國民黨外，所有黨派都是非法的。三十年代仍在訓政時期。當時所說黨國就是國民黨和中華民國。迨二十九年（一九四〇）三月二十一日中國國民黨中央常務委員會議決「尊稱本黨總理孫中山先生爲中華民國 國父。」有深意存焉。至三十六年（一九四七）十二月二十五日開始行憲以後，就不能再說「黨國」了。

底。所以說，三十年代的文藝運動，不是「左聯」厲害，而是黨和政府的疏忽。

如今，研究這一史實，是想把它作爲一面鏡子，照一照得失，總是有益的。語云：前事不忘，後事之師。是值得三思的。

七十年十一月二十八日起至七十年十二月二十三日初稿。

七十一年五月七日修正，七十一年七月二十八日安迪颱風聲中再修正。

附錄

「最通的」文藝

王平陵

魯迅先生最近常常用何家幹的筆名，在黎烈文主編的申報的自由談，發表不到五百字長的短文。好久不看見他老先生的文了，那種富於幽默性的諷刺的味兒，在中國的作家之林，當然還沒有人能超過魯迅先生。不過，聽說現在的魯迅先生已跑到十字街頭，站在革命的隊伍裏去了。那麼，像他這種有閒階級的幽默的作風，嚴格言之，實在不革命。我以爲也應該轉變一下纔是！譬如：魯迅先生不喜歡第三種人，討厭民族主義的文藝，他儘可痛快地直說，何必裝腔做勢，吞吞吐吐，打這麼多彎兒。在他最近所處的環境，自然是除了那些恭頌蘇聯德政的獻詞以外，便沒有更通的文藝的。他認爲第三種人不談這些，是比較最聰明的人；民族主義文藝者故意找出理由來文飾自己的不通，是比較次聰明的人，其言可謂盡深刻惡毒之能事。不過，現在最通的文藝，是不是僅有那些對蘇聯當局搖尾求媚的獻詞，不免還是疑問。如果先生們眞是爲着解放勞苦大衆而吶喊，猶可說也；假使，僅僅是爲着個人的出路，故意製造一塊容易招搖的金字商標，以資號召而已。那麼，我就看不出先生們的苦心孤行，比到被你們所不齒的第三種人，以及民族主義文藝者，究竟是高多少。

其實，先生們個人的生活，由我看來，並不比到被你們痛罵的小資產作家更窮苦些。當然，魯迅先生是例外，大多數的所謂革命的作家，聽說，常常在上海的大跳舞場，拉斐花園裏，可以遇見他們伴着嬌美的愛侶，一面喝香檳，一面吃朱古力，興高采烈地跳着狐步舞，倦舞意懶，乘着雪亮的汽車，奔赴預定的香巢，度他們眞個消魂的生活。明天起來，寫工人呵！鬪爭呵！之類的東西，拿去向書賈們所辦的刊物換取稿費，到晚下，照樣是生活在紅綠的燈光下，沉醉着，歡唱着，熱愛着。像這種優裕的生活，我不懂先生們還要叫什麼苦，喊什麼寃，你們貓哭耗子的仁慈，是不是能博得勞苦大衆的同情，也許，在先生們自己都不免是絕大的疑問吧！

如果中國人不能從文化的本身上做一點基礎的工夫，就這樣大家空喊一陣口號，胡鬧一陣，我想，把世界上無論那種最新穎最時髦的東西拿到中國來，都是毫無用處。我們承認現在的蘇俄，確實是有了他相當的成功，但，這不是偶然。他們從前所遺留下來的一部分文化的遺產，是多麼豐富，我們回溯到十月革命以前的俄國文學、音樂、美術、哲學、科學，那一件不是已經到達國際文化的水準。他們有了這充實的根基，才能產生現在這些學有根蒂的領袖。我們僅僅渴慕人家的成功而不知道努力文化的根本的建樹，再等十年百年，乃至千年萬年，中國還是這樣，也許比現在更壞。

不錯，中國的文化運動，也已有二十年的歷史了。但是，在這二十年中，在文化上究竟收穫到什麼。歐美的名著中國是否能有一册比較可靠的譯本，文藝上的各種派別，各種主義，我們是否都拿得出一種代表作，其他如科學上的發明，思想上的創造，是否能有一種值得我們記憶。唉！中國的文化低落到這步田地，還談得什麼呢！

要是中國的文藝工作者，如不能從今天起，大家立誓做一番基本的工夫，多多地轉運一些文藝的糧食，多多地種植一些文藝的種子，我敢斷言：在現代的中國，決不會產生『最通的』文藝的。

（二月二十日武漢日報的文藝週刊）

按：王平陵先生的這一篇東西，是代表民族文藝作家批評「左聯」的說法。記得一九五〇年春天，王平陵先生，初次與作者會面時，曾特別說及這一回事，他說：「魯迅曾罵過我」。言下之意，是說他是文壇的老資格了。在當時，也的確是這樣的形勢，在臺灣與魯迅眞正交過手的，是新月派梁實秋，但梁先生在美國宣佈協防臺灣之前，未見參與文藝界的活動。當時，中國文藝協會諸負責人中，也只有王平陵先生與魯迅交過這一次手，所以，他頗得意。

魯迅在「僞自由書」附錄了王平陵先生這一篇文章之後，也又附上他自已署名家幹的一篇文章，來反駁。他的文章是這樣的：

官話而已

這位王平陵先生我不知道是眞名還是筆名？但看他投稿的地方，立論的腔調，就明白是屬於『官方』的。一提起筆，就向上司下屬，控告了兩個人，眞是十足的官家派勢。

說話彎曲不得，也是十足的官話。植物被壓在石頭底下，只好彎曲的生長，這時儼然自傲的是石頭。什麼『聽說』，什麼『如果』，說得好不自在。聽了誰說？如果不『如果』呢？『對蘇聯當局搖尾求媚的獻詞』是那些篇，『倦舞意懶，乘着雪亮的汽車，奔赴預定的香巢』的『所謂革命作家』是那些人呀？平陵先生的『聽說』和『如果』，都成了無的放矢，含血噴人了。

我做了六篇『不到五百字』的短評，便立刻招來了『聽說』和『如果』的官話，叫作『先生們』，大有一網打盡之概。則做『基本的工夫』者，現在捨官許的『第三種人』和『民族主義文藝者』之外還能靠誰呢？『唉』！

然而他們是做不出來的。現在只有我的『裝腔作勢，呑呑吐吐』的文章，倒正是這社會的產物。而平陵先生又責爲『不革命』，好像他乃是眞正老牌革命黨，這可眞是奇極了。——但眞正老牌的官話也正是這樣的。

（七月十九日）

按：魯迅在這一篇反駁的文章中，甚至還說到「幾個弄筆墨的青年，就要遇到監禁、槍斃、失蹤的災殃。」的話，來博取同情。同時又暗示，王平陵一開始便說：「魯迅先生最近常用何家幹的筆名。……」含有告密的意思。在一般的讀者中，遂引起同情心。可惜，王平陵先生並沒有再寫批評魯迅的文章，因之，對魯迅這樣的說法，便沒有反駁的話。語云：「辯論的文章，最後寫作者勝。」王平陵先生既然沒有再就這個問題發表文章，就又算魯迅有理了。民族文藝作家對於論爭的文章，往往見首不見尾，也是當時這一運動式微的原因。

叁、魯迅究竟拿了誰底錢？

一、中共用文藝統戰圈住了魯迅

魯迅自民國十六年（一九二七）從廣州到上海，對創造社和太陽社的圍攻，毫不在乎，起而奮戰，魯迅不但沒有被「圍攻」所困窘，而創、太兩社幾乎有招架不住之勢。創、太兩社的後臺是中共，他們眼看在上海有魯迅在抵抗他們的「革命文學」運動，想謀發展是有極大的困難的，換句話說，有魯迅在擋着，中共想統一文壇，赤化文壇，是不可能的。於是，便指示創、太兩社去擁護魯迅，用統戰的方法，把魯迅裹脅過去，誘魯迅爲「革命文學」効力。創、太兩社的人，受中共指示，停止對魯迅的攻擊，並進而向魯迅求和，又進而組織左翼的文藝團體，並推魯迅作領袖。魯迅接受了創、太兩社的請求，「左聯」於焉成立。魯迅被關進了中共外圍組織的「左聯」之中，欲脫離而不能。這是中共文藝統戰的第一次大成功。這種統戰的經過情形，趙聰曾有解說道：

「當年，魯迅加入『左聯』，是共匪的一大成功。在幾個五四新文化運動的健將中，專搞文學而有成就，首先組織文學團體並創刊文學性的報刊，以寫作爲職業恃賣文爲生的，可以說只有一個魯迅。在他生命史上最後寓居上海的十年，新文壇領袖的地位迄未動搖，對文學界起著廣大的影響；多少文學青年一經他的品題，便可登龍成名。對於這樣一個人的急切爭取，不能不說是共黨的狡猾的聰明。因此早在魯迅於一九二七年由廈大教授轉任中大文學系主任，共黨卽已開始了籠絡魯迅的工作，不過魯迅的性格是桀驁不馴的，不僅不易拉攏，縱然拉攏到手，也不會屈己相從。所以共黨對魯迅自始卽採用了邊拉邊打兩面兼施的辦法。魯迅一向看不起別的文人，他並不理會別人的拉攏；他又好打筆墨官司，對於別人文字上的攻擊，眞是來者不拒。在『左聯』成立以前的五年之中，共黨曾傾全力發動『創造社』和『太陽社』利用各種報刊向魯迅大張撻伐。魯迅隻身應戰，屹然未動。最後，共黨突然停止攻擊魯迅，而改『創』『太』兩社向魯迅求和，以團結文人並推魯迅作領導爲辭，與魯迅就商成立一個作家的團體。魯迅便接納了對方的請求，於是『左聯』組織起來了，共黨爭取魯迅的工作亦告完成。一個世上頗爲流行的說法，說魯迅的加入『左聯』，是魯迅的投靠共黨，或向共黨投降。其實這是不符眞相而極爲膚淺之談。眞相是共黨預爲佈置的陷阱，對魯迅有計劃地捕捉的成功。在魯迅自己，他不但不認爲自己向共匪投

降，也不認爲自己被共黨捕捉，反而覺得是自己的勝利，是敵人向自己投降了。」❶

這以後，魯迅便以「左聯」的領袖身份自居，爲赤化文藝的「左翼作家聯盟」打天下，與「新月派」論戰，反民族主義文學，又與第三種人論戰，並批評言志派文學。幾種戰役都未失敗，驍勇無比。在他經過這些戰役之後，滿以爲他無愧於「領袖」的職責了，但當時，周揚（周起應）是代表中共眞正控制「左聯」的人，便經常暗中攻擊魯迅，他們「左聯」的內鬥實況列於機密，外人不得而知。所可知的是僅僅由魯迅答徐懋庸的長信和後來公開的幾封信，民國二十五年（一九三六）九月三日至六日，魯迅在病中答徐懋庸的長信中說：「……對於周起應之類，輕易誣人的青年，反而懷疑以至憎惡起來了。」這個周起應就是周揚，負「左聯」實際責任的人，這一封信對「左聯」的打擊是很大的❷。因爲這封信指名揭發周起應的「抓到一面旗幟，就自以爲出人頭地，擺出奴隸總管的架子，以鳴鞭爲唯一的業績。」自此以後，周起應連名字也不敢用，就改爲周揚了。

魯迅知道上當，已不自這封答徐懋庸的信開始，在民國二十四年（一九三五）九月十二日，給胡風的信，已經把「左聯」刻畫的很詳細了，他說：

「三郎的事情，我幾乎可以無須思索，說出我的意見來，是：現在不必進去。最初的事，說

❶「大陸文壇風景畫」。

❷魯迅：「答徐懋庸並關於抗日民族統一戰線問題」，載「且介亭雜文末編」。

起來話長了，不論它。就是近幾年，我覺得還在外圍的人們裏，出幾個新作家，有一些新鮮的成績，一到裏面去，卽醬在無聊的糾紛中，無聲無息。以我自己而論，總覺得縛了一條鐵索，有一個工頭在背後用鞭子打我，無論我怎樣起勁的做，也是打，而我回頭去問自己的錯處時，他却拱手客氣的說，我做得好極了，他和我感情好極了，今天天氣哈哈哈……。常常令我手足無措。我不敢對別人說關于我們的話，對於外國人，我避而不談，不得已時，就撒謊。你看這是怎樣的苦境。」

從這些話看來，便可知魯迅和周起應們相處的「苦境」了，同時，魯迅也感到他的「領導」、「領袖」的紙糊的冠冕，是被戳破了的。他才開始覺悟了，但，時間已晚，他答徐懋庸的信，只距離他的死，僅僅兩個月，那時，他病已沉重，不能多所揭發，甚爲可惜。假如魯迅不病不死，他更要加緊「反」下去❸。

談起魯迅，不能不把中共怎樣用統戰的方法圈住他、他怎樣爲「左聯」効力、最後又怎樣的反「左聯」、反中共，這一段經過，簡要的說一下，證明中共文藝統戰的狡詐，以魯迅的老於世故的「世故老人」，尚不免上當，何況那時的青年呢？

---

❸ 魯迅致王冶秋的信中說：「他們自有一夥，狼狽爲奸，把持文壇，弄得烏煙瘴氣。我病稍愈，還要給以暴露的。……」刊「魯迅書簡」頁九七五。

二、魯迅有沒有拿盧布？

說到魯迅到底有沒有拿盧布呢？這就要談到「新月派」對魯迅戰術的不高明。他們批評魯迅的文學思想，反對文學有階級性，這在自由文藝者看來，自然是正確的。但，他們的失敗，不在主題，而在主題之外的「人身攻擊」。這個「人身攻擊」的失敗，影響了讀者的同情，在讀者看來，失敗則在「新月派」，主要原因，則在於「人身攻擊」的不實。

鄭學稼先生在魯迅「與新月派論戰」中有這樣的批評：

「魯迅和梁實秋的論爭以謾罵結束。誰是勝利者？那時，魯迅才學走馬克思主義之步，所用唯物史觀文藝論的武器，還不熟練。梁實秋學歐美文學，不了解馬克思主義，甚至連經濟學知識也缺乏，當然所有的批評，有使人打不著要害之感。……」❹的確，在反馬克思主義理論的論爭中，既然「打不著要害」，便「只算是反馬克思主義文藝理論的遭遇戰」，按鄭學稼先生的意思是說，在文藝理論的論爭中，這一次，是不分勝負的。

雖然說在文藝理論方面不分勝負，但在文藝理論之外的「人身攻擊」，是澈底失敗了的。須

---

❹ 鄭學稼「魯迅正傳」頁二四〇。

知在論爭中，涉及了「人身攻擊」時，千萬不能造謠說謊，因爲造謠說謊很容易被拆穿的，一經把造謠說謊一方的假話拆穿，失敗的便是造謠的一方。

新月派之一的陳源教授，早在北洋軍閥政府時期，撰寫「閒話」時，曾說魯迅：

「他常常挖苦別人家抄襲，有一個學生抄了沫若的幾句詩，他老先生罵得刻骨鏤心的痛快，可是他自己的『中國小說史略』，却就是根據日本人鹽谷溫的『支那文學概論講話』裏面的「小說」一部分。其實拿人家的著述做自己的藍本，本可以原諒，只要你在書中有那樣的聲明，可見魯迅先生就沒有那樣的聲明。在我們看來，你自己做不正當的事也就罷了，何苦再去挖苦一個可憐的學生，可是他還盡量的把人家刻薄。『竊鈎者誅，竊國者侯』，本是古已有的道理。」

魯迅引了這一段話，便說：「這『流言』早聽到過了，後來見于『閒話』，說是『整大本的剽竊』，但不直指我，而同時有些人的口頭上，却相傳是指我的『中國小說史略』。我相信陳源教授是一定會幹這樣勾當的。但他既不指名，我也就只回敬他一通罵街，這實在不止『侵犯了他一言半語。』這回說出來了，我的『以小人之心』也沒有猜錯了『君子之腹』。但那罪名却改爲『做你自己的藍本』了，比先前輕得多，彷彿比自謙爲『一言半語』的『冷箭』鈍了一點似的。鹽谷氏的書，確是我的參考書之一，我的『小說史略』二十八篇的第二篇，是根據牠的，還有論『紅樓夢』的幾點和一張『賈氏系圖』也是根據牠的，但不過大意、次序和意見就很不同。其他

二十六篇，我都有獨立的準備，證據是和他的所說還時常相反。……」❺

關於這有「整大本剽竊」的問題，說到此處，還沒有完，直到民國二十四年（一九三五）十二月三十一日至一月一日，撰寫「且介亭雜文二集」的「後記」中說：

「三、在中國小說史略日譯本的序文裏，我聲明了我的高興，但還有一種原因却未曾說出，是經十年之久，我竟報復了我個人的私讐。當一九二六年時，陳源卽西瀅教授，曾在北京公開對于我的人身攻擊，說我的這一部著作，是竊取鹽谷溫教授的『支那文學概論講話』裏面的『小說』一部分；閒話裏的所謂『整大本的剽竊』，指的也是我。現在鹽谷教授的書早有中譯，我的也有了日譯，兩國的讀者，有目共見，有誰指出我的『剽竊』來呢？嗚呼，『男盜女娼』是人間大可恥事，我負了十年『剽竊』的惡名，現在總算可以卸下，並且將『謊狗』的旗子，回敬自稱『正人君子』的陳源教授，倘他無法洗刷，就只好揷着生活，一直帶進墳墓裏去了。」

這時，距離魯迅之死，不過九個多月，他還在報復陳源教授的造謠說謊的「整大本的剽竊」。陳源教授在文藝理論方面並不失敗，只在「人身攻擊」方面造了謠說了謊，遂失去了讀者的同情。這個教訓，是值得記取的。

其次，說到魯迅的拿盧布，盧布是俄國貨幣，說拿盧布，便是被俄國收買了的意思。

---

❺ 魯迅：「不是信」，刊「華蓋集續編」頁四七、四八。

這個魯迅拿盧布，也是「新月派」首先說出來的。魯迅在「二心集」的「序言」中說：

「而這時左翼作家拿着蘇聯的盧布之說，在所謂『大報』和小報上，一面又紛紛的宣傳起來，新月社的批評家也從旁很賣了些力氣。有些報紙，還拾了先前的創造社派的幾個人的投稿于小報上的話譏笑我爲『投降』，有一種報則載起文壇貳臣傳來，第一個就是我，——但後來好像並不再做下去了。

「盧布之謠，我是聽慣了的。大約六七年前語絲在北京說了幾句涉及陳源教授和別的『正人君子』們話的時候，上海的晶報上就發表過『現代評論社主角』唐有壬先生的信札，說是我們的言動，都由于莫斯科的命令，這又正是祖傳的老譜，宋末有所謂『通虜』，清初又有所謂『通海』，向來就用了這類的口實，害過許多人們的。所以含血噴人，已成了中國士君子的常經，實在不單是他們的識見，只能夠見到世上一切都靠金錢的勢力。至于『貳臣』之說，却是很有意思的，我試一反省，覺得對于時事，卽使未嘗動筆，有時也不免于腹誹，『臣罪當誅兮天皇聖明』，腹誹就決不是忠臣的行徑。但御用文學家的給了我這個徽號，也可見他們的『文壇』上是有皇帝的了。」❻

這個「序言」，主要是說梁實秋教授說他們「到××黨去領盧布」。他說：

---

❻ 魯迅：「二心集」「序言」。

「梁實秋先生爲了「拓荒者」上稱他爲『資本家的走狗』，就做了一篇自云「我不生氣」的文章。先據「拓荒者」第二期第六七二頁上的定義，『覺得我自己便有點像是無產階級裏的一個』之後，再下『走狗』的定義，爲『大凡做走狗的都是想討主子的歡心因而得到一點恩惠』，于是又因而發生疑問道——

『「拓荒者」說我是『資本家的走狗』，是那一個資本家，還是所有的資本家？我還不知道我的主子是誰，我若知道，我一定要帶着幾分雜誌去到主子面前表功，或者還許得到幾個金鎊或盧布的賞賚呢。……我只知道不斷的勞動下去，便可以賺到錢來維持生計，至于如何可以到資本家的帳房去領金鎊，如何可以到××黨去領盧布，這一套本領，我可怎麼能知道呢？……』

「這正是『資本家的走狗』的活寫眞。凡走狗，雖或爲一個資本家所豢養，其實是屬于所有的資本家的，所以牠遇見所有的闊人都馴良，遇見所有的窮人都狂吠。不知道誰是牠的主子，正是牠遇見所有闊人都馴良的原因，也就是屬于所有的資本家的證據。卽使無人豢養，餓的精瘦，變成野狗了，但還是遇見所有的闊人都馴良，遇見所有的窮人都狂吠的，不過這時牠就愈不明白誰是主子了。

「梁先生既然自敍他怎樣辛苦，好像『無產階級』（卽梁先生先前之所謂『劣敗者』），又不知道『主子是誰』，那是屬于後一類的了，爲確當計，還得添個字，稱爲『喪家的』『資本家的走狗』。

「報章所載的電桿上寫字和『××黨』，捕房正在捉得非常起勁，那麼，爲將自己的論敵指爲『擁護蘇聯』或『××黨』，自然也就髦得合時，或者還許會得到主子的『一點恩惠』了。但倘說梁先生意在要得『恩惠』或『金鎊』，是寃枉的，決沒有這回事，不過想借此助一臂之力，以濟其『文藝批評』之窮罷了。所以從『文藝批評』方面看來，就還得在『走狗』之上，加上一個形容字：『乏』。」❼

魯迅說的「盧布之謠」說的那麼理直氣壯，就是事實上他沒有拿盧布，認爲「拿盧布」是「新月派」的造謠說謊，於是，「新月派」的文藝理論沒有失敗，而這樣沒有根據的造謠說謊，在讀者中和青年界中是站不住脚的。

鄭學稼先生曾撰有「魯迅的收入」❽，考證出魯迅的全盤收入，並沒有拿盧布這一項。倒是有拿國民政府國幣的一項。

這樣說來，「新月派」的「人身攻擊」的戰術是十分拙劣的了，以致讓魯迅振振有詞的反駁，假如他們把魯迅拿國民黨政府❾的國幣指出來，相信魯迅就會「說嘴不響」了。

---

❼魯迅：「喪家的」「資本家的乏走狗」。刊「二心集」頁六一——六三。

❽鄭學稼：「魯迅的收入」，刊「魯迅正傳」的「附錄二」。正傳頁五五七——五六七。

❾當時的「國民政府」，正是國民黨「以黨治國」時期，說是「國民黨政府」也不爲過。

三、魯迅拿了國民政府的國幣

魯迅是拿國民政府薪水的，他沒有拿盧布，但他拿國民黨以黨治國的國民政府的薪水，又來反對國民黨。假如「新月派」的梁實秋教授，不說他拿盧布，而說他拿國民政府的錢。——既拿國民政府的薪水，便不應反國民黨、和反政府。旣反國民黨和反政府，便不應該拿國民政府的薪水。那麼，魯迅縱有「紹興師爺的刀筆」也難以措辭！

魯迅的拿國幣的經過，是這樣的：

魯迅於民國十六年（一九二七年）十月三日由廣州抵上海。許壽裳向大學院院長蔡元培說，魯迅在上海寫作，不再教書，請其設法維持。蔡便聘魯迅爲特約撰述員。魯迅在十二月十八日的「日記」中載：「晚收大學院聘書並本月份薪水泉三百。」翌日，他給邵銘之信：「昨由大學院函聘爲特約撰述員，已應之矣。」依當時的物價，三百元小家庭的生活，是十分寬裕的，因爲私立復旦大學教授月不過二百元。

以後，依「日記」他收到這份薪水的清單如下：

年別	收到日期	薪水月份
十七（一九二八）	一・三一	一月
	三・一二	二月
	四・一一	三月
	五・九	四月
	六・八	五月
	七・一一	六月
	八・七	七月
	九・六	八月
	一一・九	九月
	一一・一七	十月
	一二・三一	十一月
十八（一九二九）	一・一五	十二月（去年）
	二・七	一月
	四・二四	二月
	五・六	三月
	六・一五	四月
	六・二七	五月
	七・一九	六月
	八・一六	七月

日期	月份
八・二九	八月（編輯費）
九・二五	九月
一〇・二八	十月
一一・二五	十一月
一二・三一	十二月

十九（一九三〇）

日期	月份
一・二七	一月
三・二六	三月（二月薪未記收到日期）
四・二九	四月
五・二七	五月
六・三〇	六月
九・八	七月
一〇・三	八月
一一・一五	九月
一二・八	十月

二〇（一九三一）

日期	月份
三・七	十一月（去年）
四・八	十二月
五・五	一、二月
六・三	三、四月
七・六	五月
八・五	六月

七月　九・四
八月　一〇・三
九月　一一・四
十月　一二・二
十一、十二月　一二・三一

民國二十一年（一九三二）起，教育部未寄「編輯費」。

由這張清單，我們知道，雖然大學院改爲教育部，仍繼續月寄三百元給魯迅。值得注意的自十九年（一九三〇）七月起，也許由於參加「左聯」。他的職務似有問題，否則不會遲到九月八日才收到七月薪。以後繼續到十二月八日收到十月薪，又延到一九三一年三月七日，才收到去年十一月薪。可能自該年起，教育部或國民黨中有力者主張停發薪水，等到三月，又決定重新補寄他的薪俸。五、六兩月都寄兩個月薪，到年底再寄十一、十二月薪，這可說是有始有終。前後四年整（一九二八至一九三一年），共給魯迅一萬四千四百元。當時黃金一兩約三十餘元，即整四年給魯迅黃金約四百八十兩❿。

關於教育部於民國二十年（一九三一年）十二月裁特約著作員職一事，魯迅在民國二十一年（一九三二年）三月二日給許壽裳信中如此說：

---

❿ 鄭學稼：「魯迅正傳」附錄二「魯迅的收入」頁五六一—五六四。鄭學稼先生將十六年(一九二七)十二月的薪俸，未計算在內。其實，魯迅得薪俸四年零一個月，共計一萬四千七百元。約黃金四百九十兩。

「被裁之事，先已得教部通知，蔡先生如是爲之設法，實深感激。惟數年以來，絕無成績。所輯書籍，迄未印行，近方圖自印「嵇康集」，清本略就，而又突陷兵火之內，存佚不可知。教部付之淘汰之列，固非不當，受命之日，沒齒無怨。現北新書局尚能付少許版稅，足以維持，希釋念爲幸。」⑪

根據上面所談魯迅拿國民政府的錢，時期正是三十年代，他拿這筆錢津貼了「左聯」⑫，並幫助了左翼作家。魯迅對「新月派」所說的拿盧布，一再提出來挖苦「新月派」，說明他沒有拿盧布，而證明「新月派」的造謠說謊。而「新月派」竟不知道他拿國民政府的錢，而且是不勞而獲，無功受祿，他自己也說是「絕無成績」。「新月派」假如用此一事實說他，他自然無話可說了。

以上這些「紀錄」，便足以證明魯迅用國民政府的錢，資助了左聯等團體。魯迅之所以一再

---

⑪「魯迅全集」十卷本第九卷「書信」頁二九〇。

⑫許廣平在「魯迅回憶錄」說：「魯迅以自己有限的收入，接濟黨和革命團體的工作費用。『魯迅日記』中有很多這方面的記載，如一九三〇年九月十三日：『收十月稿費三百，捐左聯五十。』一九三〇年六月七日：『捐互濟會泉百。』按：「互濟會」是惲代英在一九二六年發起組織的。是救濟共黨份子被難者的組織，魯迅參加「左聯」以後，就參加了這個組織，曾有多次的捐款。又錫金在「魯迅爲什麼不去日本療養」（刊「新文學史料」第一輯）中說：「這筆補助費共歷四年零一個月，共計有一萬四千七百元，數目不小。但魯迅用它……不斷地支助了革命互濟會和左聯等的經費。」

挖苦盧布之謠的問題，是他沒有拿共黨的錢，反而他拿了國民黨的錢去資助共黨。中共的統戰工作之狡詐欺騙，已達高段。它不但騙人替他們工作，還騙人的錢，更騙人替他們賣命。

他拿國民政府的錢，不惟不替國民政府作事，反而到處攻擊國民黨和國民政府，意圖顚覆國民政府，這種行爲是什麼行爲？讓魯迅自己也無法圓滿的答覆。但從另一方面說，中共的文藝統戰工作，的確是特別的狡詐多變，他們能騙國民政府的錢，再用這些來從事叛亂的工作。要研究中共的文藝統戰，這一段文藝統戰的事實和敎訓，是應該研究和記取的。

七十年元月四——五日。

肆、魯迅遭通緝而未被捕的眞相

小引

魯迅自民國十六年（一九二七）十月，自廣州到上海，並在上海定居，決定不教書，而作職業作家，爲了生活，由許壽裳請求蔡元培爲之設法，於是，蔡元培聘魯迅爲大學院特約著述員，月薪銀洋三百元。蔡元培在「我在教育界的經驗」❶中說：

「大學院時代，設特約著述員，聘國內在學術上有貢獻而不兼有給職者，聽其自由著作，每

❶ 蔡元培將此文收在「自傳之一章」中。

月酌送補助費。吳稚暉、李石曾、周豫才諸君皆受聘。❷

魯迅的此一職務，直到民國二十年（一九三一）十二月，方被裁❸。

❷ 這個「特約著述員」在商務版的「第二次中國教育年鑑」中，說明：「專門人員」裏的「特約編輯」，其第一批，是五個人，就是吳稚暉、李石曾、馬夷初、周豫才、江紹原。都是一九二七年十二月同時聘任的。周豫才就是魯迅。魯迅在「魯迅書簡」中，也有信談到此事，他說是「特約撰述員」。

❸ 關於魯迅被裁之事，魯迅在二十一年（一九三二）三月二日致許壽裳的信中說：

季市兄：

頃得二月二十六日來信，謹悉種種。舊寓至今日止，聞共中四彈，但未貫通，故書物俱無恙，且亦未遭刼掠。以此之故，遂暫蜷伏於書店樓上，冀不久可以復返，蓋重營新寓，爲事甚煩，屋少費鉅，殊非目下之力所能堪任。倘舊寓終成灰燼，則擬挈眷北上，不復居滬上矣。

被裁之事，先已得教部通知，蔡先生如是爲之設法，實深感激。惟數年以來，絕無成績，所輯書籍，迄未印行，近方圖自印嵇康集，淸本略就，而又突陷兵火之內，存佚蓋不可知。教部付之淘汰之列，固非不當，受命之日，沒齒無怨。現北新書局尚能付少許版稅，足以維持，希釋念爲幸。

今所懇望者，惟舍弟喬峯在商務印書館作館員十年，雖無赫赫之勳，而治事甚勤，始終如一，商務館被燹後，與一切人員，俱被停職，素無儲積，生活爲難，商務館雖云人員全部解約，但現在當必尚有蟬聯，而將來且必仍續聘，可否乞兄轉蘄蔡先生代爲設法，俾有一棲身之處，即他處他事，亦甚願服務也。

欽文之事，在一星期前，聞雖眷屬亦不准接見，而死者之姐，且控其謀財害命，殊可笑，但近來不聞新消息，恐尚未獲自由耳。

匆復，即頌

曼福

弟樹啓上三月二日

喬峯廣平附筆致候

（許壽裳：「亡友魯迅印象記」頁九九—一〇〇）。

魯迅在民國十九年（一九三〇）二月十三日，參加「中國自由運動大同盟」成立大會，以後並公佈消息說魯迅爲該會的發起人之一。當時，國民黨浙江省黨部就據以呈報中央，通緝「墮落文人魯迅」了。關於此事，許壽裳說：

「一九三〇年春，魯迅被浙江省黨部呈請通緝，其罪名曰「反動文人」，其理由曰「自由大同盟」，說來自然滑稽，但也很可痛心。那時，浙江省黨部有某氏主持其事，別有用意，所謂「罪名」、「理由」，都是表面文章，其眞因則遠在編輯刊物。當魯迅初到上海，主編「語絲」的時候，有署名某某的青年，投稿揭發他的大學的黑幕，意在促使反省，魯迅就把它登出來了。這反響可眞大，原來某氏是該大學畢業生，挾嫌於心，爲時已久，今旣有「自由大同盟」可作題目，借故追因，呈請通緝，而且批准。魯迅曾把這事的經過，詳細地對我說過：「自由大同盟並不是由我發起，當初只是請我去演說，按時前往，則來賓簽名者已有一人（記得是郁達夫君），演說次序是我第一，郁第二，我待郁講完，便先告歸，後來聞當場有人提議要有甚麼組織，凡今天到會者均作爲發起人，迨次日報上發表，則變成我第一名了。」魯迅又說：「浙江省黨部頗有我的熟人，他們倘來問我一聲，我可以告知原委，今竟突然出此手段，那麼我用硬功對付，決不聲明，就算由我發起好了……」這憤慨是無怪的。魯迅又常常說：「我所抨擊的是社會上的種種黑暗，不是專對國民黨，這黑暗的根原，有遠在一二千年前的，也有在幾百年，幾十年前的，不過國民黨執政以來，還沒有把它根絕罷了。現在他們不許我開口，好像他們決計要包庇上下幾千年

一切黑暗了。」❹

這裏所說的某氏，就是許紹棣❺，他當時是浙江省黨部指導委員兼宣傳部長。所謂「該大學」就是復旦大學，許就是復旦大學畢業的。據魯迅告訴許壽裳的話：「浙江省黨部頗有我的熟人，他們倘來問我一聲，我可以告訴原委」，這意思不是很明白嗎？——當時，魯迅似乎還有妥協的餘地，浙江省黨部負責人竟不會運用，一味只知制裁，在黨的工作藝術上說，實在是一大敗筆。

由這個「中國自由運動大同盟」的宗旨，公開宣佈的是「爭取言論、出版、集會、結社自由」。

❹ 許壽裳：「亡友魯迅印象記」（頁九一——一〇〇）文中所說的「反動文人」是不對的，當時浙江省黨部所說的是「墮落文人」。

國民黨「浙江黨務」第八十四期（一九三〇年四月五日）載有查禁「中國自由運動大同盟宣言」的記錄。國民黨「中央黨務月刊」第二十八期（一九三〇年十一月）載有中央執行委員會宣傳部三月至五月工作報告中說：「關於該項團體活動之情形及主持人名單，均經本部先後呈請常會函國府令飭上海及各省市查封其機關，並通緝其主持人在案」云云。

❺ 許紹棣，民前十三年十二月二日生，浙江臨海縣人。卒業復旦大學。曾任：上海民國日報副刊「覺悟」主編，杭州民國日報社長，東南日報社長，國民革命軍後方總政治部秘書，蔣委員長南昌行營秘書兼設計委員，中國國民黨中央黨政訓練所教員，上海大學英算專修科教員，浙江省立高級商科職業學校校長，樹範中學校長，英士大學校務委員會主任委員，中國國民黨浙江省黨部指導委員兼宣傳部長，浙江省黨部執行委員兼宣傳部長，中國國民黨中央執行委員，浙江省政府委員兼教育廳長，國民會議秘書，制憲國民大會代表，國民參政員，三十七年當選立法委員。此人，並曾牽涉在郁達夫「毀家詩紀」中，「詩紀」中所說的許君就是他。

實際上是反對當時的國民政府的羣衆團體。它的宣言，就刊載在「萌芽」月刊第一卷第三期（一九三〇年三月）上。這個刊物，便是中共的刊物，這個羣衆團體，也是中共在暗中領導下的造反組織。當時，國民黨浙江省黨部呈請中央轉飭上海及各省市查封其機關並通緝其主持人，並不算意外，但對魯迅沒有積極爭取，也是事實。以致後來從事爭取，就有較多的困難了。

魯迅既然爲「中國自由運動大同盟」的問題，「用硬功對付」當政者之後，於三月二日又參加「中國左翼作家聯盟」，正式宣告從事中共領導的「左聯」團體了。

從此，魯迅在上海過着秘密躲藏的生活，當浙江省黨部呈請「通緝墮落文人魯迅」時，魯迅於三月十九日離寓，至內山書店暫避，至四月十九日返寓，足足躲藏了一個月。

民國二十年（一九三一）一月十七日，左聯作家柔石等五人⑥被捕（二月七日處決）時，魯迅認爲事情嚴重，於一月二十日携眷避居黃陸路花園莊旅館⑦，到二月二十八日回寓，又躲藏了

---

⑥ 被處決的五作家是：柔石、殷夫、胡也頻、馮鏗、和李偉森。當時，政府逮捕他們，並不是爲了作品的問題，而是他們參加共黨的會議。假如當時上海警備司令部能公開審判，要比秘密處決爲民衆所瞭解。而這樣處決之後，中共和「左聯」便經常向國外宣傳「處決作家」如何如何，使政府的形象大受影響。

⑦ 關於此次魯迅的避難，見於許廣平紀錄的，有：到了一九三〇年，柔石先生們被捕，我們帶着剛學走路的孩子逃避到一個外國人開的客店，借住在潮濕，滿房子被包圍着水蒸氣的浴室旁邊的一間小室裏，「周圍是堆着的破爛的雜物」，魯迅先生感到悲哀了，賦詩說：「慣於長夜過春時，挈婦將雛鬢有絲。……」而覆李秉中先生的信（見「魯迅書簡」），婉謝他聽到他的危難而約去日本，其中就很沉痛地說：「我又有眷屬在滬，並一嬰兒，相依爲命，離則兩傷，故且深自韜晦，冀延餘年，倘舉朝文武，仍不相

一個月另八天。

在此一時期，報紙上曾載魯迅被捕消息：上海「社會日報」二十年（一九三一）一月二十日，登載了署名「密探」的「驚人的重要新聞」一文說：「魯迅被捕」。一月二十一日，天津大公報曾刊登「魯迅在滬被捕，現押捕房」的消息。其實，這是謠言，這謠言使魯迅窮於應付，——答復親友探詢，日有數起，至感煩惱。但，從魯迅避難到謠言被捕，足證當時魯迅是在恐懼之中過活。

（續前）容，會當相偕以泛海，或相率而授命耳。」後來，一直沒有遠去，到了他臨危之際，醫生和朋友再四的勸他易地療養，爲了許多更大的原因，沒有實現，而我們給予他的牽累，確也是其中之一的小小理由。（許廣平：「關於魯迅的生活」頁一一四。）

曹聚仁在「魯迅年譜」裏說，魯迅當時是化名周豫山。他說：

「……那時，魯迅曾避居黃陸路的花園莊。據一位日本人長尾景和（日本關西大學的學生）的追記，魯迅和他是一個偶然機會中相識的。魯迅告訴他是『周豫山』。周豫山第一次談話時所說的都是有關美術的事情，從哥赫、郭剛、米勒的畫，說到羅丹的雕刻；又從日本的水墨畫說到廣重、歌磨的版畫。他暗中估計，這一定是位美術家。第二天，他們的說話，是從醫學開始的。從維生素、荷爾蒙、達爾文的進化論起，一直談到天文學、愛因斯坦相對論、靈魂不滅說，愈說愈覺得他是個博學的人。他說：『像這樣學識淵博的人，我是從未見過的。在日本，我雖然也結識不少教授、博士等有名的人物，但他們對於自已業務以外的事，知道的並不比我多。直到現在，我沒有遇到過一個能夠說得投機的人，然而和他却不可思議地很容易引起共鳴。這大概就是所說的情投意合了。周豫山總是很謙虛，不論談什麼從來沒有表現出知道得比別人多的神氣。每晚當我和他告別回到床上時，就揣測他一定是某大學的教授。隨着我們的相識，愈來愈感到他的偉大；我想，在上海一個普通的里弄之中，竟會有這樣的人，中國眞是太偉大了！』這段談話的描寫，最足襯出魯迅的學養與風度。」（曹聚仁：「魯迅年譜」頁一〇三—一〇四）

按當時的實際情形，「中國自由運動大同盟」和「中國左翼作家聯盟」等組織，都是中共的外圍組織，尤其是「左聯」，竟直接採用中共的組織型態和工作，國民黨在民國十六年（一九二七）清共之後，對共黨採取肅清主義，遇共黨份子就會逮捕的，所以有柔石等五作家的被捕和處決。魯迅在當時經常携眷躲避是有避禍的道理，也是可以理解的。其實，在當時，逮捕魯迅並不困難，但魯迅自民國十九年（一九三〇）二月被通緝，直到民國二十五年（一九三六）十月死亡，有近七年之久，並且一直在上海，並曾一度到北平，爲什麼沒有被捕呢？究竟誰在庇護他呢？還是另有原因呢？這是一個可以研究的問題。

一、魯迅的庇護之一——租界，三十年代左翼文學的製造場

民國十六年（一九二七）清黨之後，中共份子紛紛逃亡，有的逃到外國如郭沫若的逃亡日本，但大多數則逃亡到上海租界，從事文藝的活動，到「左聯」的成立，幾乎網羅了全體躲在上海租界的稍有名氣的作家，從事製造左翼文學，因爲上海租界，爲外國人所統治，政府力量達不到，不能到租界之內去逮捕人，所以左翼份子可以在租界內自由活動，自由寫作反政府的文章。

綜合這種事實，便是：租界是三十年代左翼文學的製造場。

魯迅的被庇護，首先便是租界。魯迅是一直住在上海北四川路，這個地方屬於虹口區，這個

區域是「越界築路」(帝國主義者越出租界範圍修築馬路)區域，就是所謂的「半租界」。這個區域是日本人的勢力範圍，大概魯迅住的地方，還不是十分安全的地方，於是他自稱他住的地方是半個租界，所以叫「且介亭」，「且介」二字就是租界二字之半個字的意思。他的最後三册雜文，便是「且介亭雜文」。魯迅住在這裏，不僅託庇於這一地區，而且託庇於內山書店的老闆內山完造。許廣平對這一層有所說明：

「一九三六年二月，日本帝國主義已經侵佔了東北之後，鐵騎繼續又在華北橫行虎視的時候，魯迅在這年的四月『改造』月刊第三期上就更毫不含糊地說：『我要騙人』，他曾經這樣說過：『從外國受到强大壓迫的時候，對那壓迫者扯的謊，却不是不道德的。』這篇文章，就是魯迅在逝世前不久寫出的對日本軍國主義的直接抗議：『中國的人民，是常用自己的血，去洗權力者的手。』……講這種話，大膽寫這樣文章的魯迅，……表達了不甘做亡國奴的人們的呼聲，……像這樣直白地面對面地毫不容情地對日本軍國主義者的斥責，甚至不惜一而再，再而三的，每年一次，一次比一次更率直，日本人未必熟視無睹。魯迅既然如此坦白直率地站穩中國人民立場，毫不含糊地告訴日本侵略者必然失敗的命運。不管他和內山的友誼如何深厚，還是光明磊落地說出他要說的話，……但內山既是商人，雖身在中國，其一切行動態度還難免受制於日軍當局，否則『非國民』三字的罪名會加在他的頭上，這一點魯迅也深懂得的。所以在一九三六年十月，魯迅臨死之前，就另找房子預備遷徙，擬擇居在舊法租界，想遠離開日本人居住的虹口勢力範圍(見十月十一日「魯迅日記」)。這計劃剛要實現，但病不容許他立卽遷徙，因之未成事實。這時，就是把一切與內山書店的關係，一起割掉也在所不惜❽。」

從許廣平這一段話，雖然說爲魯迅反日的關係，恐影響內山完造與日軍當局之關係，而預備遷移舊法租界，還是脫離不了租界的庇護。

魯迅最後在上海的十年，租界是他的庇護所，是一個鐵的事實。

二、魯迅的庇護之二——魯迅與蔡元培的關係

蔡元培，字鶴卿，後改孑民，浙江紹興人，民國二十九年（一九四〇）逝世，享年七十四歲，清壬辰進士，德國萊比錫大學、漢堡大學研究。歷任中國教育會會長、愛國女校校長、華法教育會會長，倡組光復會，參加同盟會。民國成立，首任教育總長，嗣任國立北京大學校長、國民政府委員、大學院院長，籌組中央研究院，任院長。總之，在民國成立之後，蔡元培在政府和國民黨有顯赫的職位。魯迅與蔡元培爲同鄉，民國元年（一九一二）南京臨時政府成立後，蔡元培任教育總長，魯迅卽到蔡元培領導的教育部供職，任部員。蔡元培與魯迅的關係很好，更有下列事實

❽ 許廣平「魯迅回憶錄」頁九六—九七。

的證明：民國十六年（一九二七）年底，由大學院聘魯迅爲特約著述員，月送補助費三百元，以幫助魯迅的生活。魯迅死後，又任治喪會主任委員。魯迅全集出版時又爲之作序，譽魯迅爲「新文學的開山」。

以蔡元培在政府和國民黨的顯赫地位和各方面的關係來觀察，他於當時的政治背景中在明的、暗的方面，對魯迅的幫助和庇護，是當然的事情。

魯迅與蔡元培之關係，見於魯迅日記者：

一九一二年

六月二十二日，蔡總長辭職。

七月二日，蔡總長二次辭職。

七月十日，下午與季市訪蔡孑民於其寓，不值。

七月十五日，下午部員爲蔡總長開會送別，不赴。

七月十九日，下午與季市訪蔡孑民，不遇。

七月二十二日，晚飲於陳公猛家，爲蔡孑民餞別也。

十月六日，上午…又同季市至騾馬市小骨董店，見舊書數架，…又見蔡孑民呈徐白摺楷書，稱受業，其面有評語云：牛鬼蛇神，蟲魚鳥篆。爲季市以二角銀易去。人事之變遷，不亦異哉！

一九一七年

一月十日，夜…訪蔡先生。

一月十八日，夜得蔡先生函，便往其寓。

一月二十五日，得蔡先生信，即答。

二月十五日，寄蔡先生信。

二月十八日，上午得蔡先生信。

三月八日，寄蔡先生信。

四月五日，上午蔡先生來。

五月十三日，夜寄鶴廎先生信。

五月二十一日，夜得蔡先生函並「讚三寶福業碑」、「高歸彥造象」、「豐樂七帝二寺邑義等造象」、「蘇軾等訪象老題記」拓本各二份。

五月二十二日，寄蔡先生信。

六月十九日，夜得蔡先生信。

七月三十一日，下午同齊壽山、許季上往大學訪蔡先生。晚歸。

八月五日，寄蔡先生信。

八月七日，寄蔡先生信並所擬大學徽章。

八月十五日，下午得蔡先生信。

十一月七日，午後微雪，寄蔡先生信，代季上辭校課，壽山同署。

十二月二日，下午：蔡先生來。

一九一八年

四月二十八日，下午，鶴廎先生來。

六月一日，同二弟往大學校訪蔡先生及徐以孫。

八月十日，上午：寄蔡先生信。

八月二十八日，午後寄蔡先生信。

八月二十九日，夜得蔡先生信。

一九一九年

四月二十八日，下午曇，訪蔡先生。

一九二〇年

八月十六日，晨訪蔡先生未遇。

八月十七日，上午寄蔡先生信。

八月二十日，晚得蔡先生信。

八月二十一日，下午：寄蔡先生信。

一九二三年

一月九日，上午：寄蔡先生信。

四月三日，晚得蔡先生信。

一九二七年

十二月七日，午後有麟來，付以致蔡先生信。

一九二八年

四月十四日，上午蔡先生來。

一九三一年

二月十四日，午後訪蔡先生，未遇，留贈「士敏土圖」兩本。

一九三二年

八月十一日，下午同三弟往蔡先生寓，未遇。

一九三三年

一月四日，得蔡子民先生信。

一月十七日，下午往人權保障大同盟開會，被擧爲執行委員。蔡子民先生爲書一箋，爲七律二首。

一月二十日，夜寄孫夫人、蔡先生信。

二月十七日，午後汽車齎蔡先生信來。（已見孫夫人條）

二月二十二日，下午寄蔡先生信。

二月二十三日，上午得蔡先生信。

二月二十四日，上午…訪蔡先生。午楊杏佛邀往新雅午餐，及林語堂、李濟之。

一九三四年

二月二十六日，以「北平箋譜」寄贈蔡先生。

五月二十一日，上午得祝蔡先生六十五歲「論文集」（上）一本，季市所寄。

七月五日，下午得蔡先生信。

另，見於書信集者。

一九三六年

二月十五日，致蔡先生函。

以上是魯迅在日記中和書信中對蔡元培交往的紀錄，在日記方面，是民國二十三年（一九三四）七月五日記着：「下午得蔡先生信」。之後，沒有再紀錄；在書信方面，是民國二十五年（一九三六）二月十五日，有致蔡先生的信。之後，也再沒有寫信。

以魯迅和蔡元培關係的密切，在民國二十五年（一九三六）二月之後，到魯迅同年十月十九日死亡，還有八個月的時間，不會音信毫無，不知道爲什麼沒有紀錄。

三、魯迅的庇護之三——魯迅與宋慶齡的關係

孫中山先生夫人宋慶齡政治和社會的關係，由於孫先生的影響，當然是比較普遍的，也當然是有廣大的影響。魯迅到上海之後，蔡元培特別照顧他，並介紹於孫夫人。以孫夫人的關係，對魯迅的活動，自然發生良好的影響，是有庇護作用的。魯迅與孫夫人的關係，見之於「魯迅日記」中者如次：

一九三三年

一月二十日　夜寄孫夫人、蔡先生信。

二月十七日　午後汽車齎蔡先生信來，卽乘車赴宋慶齡夫人宅午餐。同席爲蕭伯納、伊(?)斯沫特列女士、楊杏佛、林語堂、蔡先生、孫夫人共七人。飯畢照像二枚。同蕭、蔡、林、楊往筆社，約二十分後，復回孫宅。介紹木村毅君于蕭。傍晚歸。

一九三六年

三月二十三日　得孫夫人信。

又，孫夫人在六月五日曾寫信促魯迅就醫⑨云：

周同志：

方才得到你病得很厲害的消息，十分躭心你的病狀！我恨不能立刻來看看你，但我割治盲腸的傷口，至今尚未復原，仍不能夠起床行走，迫得寫這封信給你。

我懇求你立刻入醫院醫治！因爲你延遲一天，便是說你的生命增加了一天的危險!!你的生命，並不是你個人的，而是屬於中國和中國革命的!!!爲着中國和革命的前途，你有保存，珍重你身體的必要，因爲中國需要你，革命需要你!!!

一個病人，往往是不自知自己的病狀的，當我得盲腸炎的時候，因我厭惡入病院，竟拖延了數月之久，直至不能不割治之時，才迫着入院了，然而，這已是很危險的時間，而且因此，還多住了六個星期的時間，假如我是早進去了，兩星期便可以痊癒出院的。因此，我萬分盼望你接受爲你躭憂着，感覺着極度不安的朋友們的懇求，馬上入醫院醫治。假如你是怕在院內得不着消息，周太太可以住院陪你，不斷的供給你外面的消息等等……

我希望你不會漠視愛你的朋友們的憂慮而拒絕我們的懇求!!!祝你

---

⑨ 許廣平：「關於魯迅的生活」頁一九—二〇。同時許廣平又說：「同時好幾位國外友人，親自帶了鮮花來看他，又替宋慶齡先生帶來茶葉、糖食多種，代致探候之意。」（全書頁一五）

痊安　　宋　慶　齡　六月五日

看宋慶齡的這一封信，便知道宋慶齡對魯迅的感情，非比尋常，她「躭心」魯迅的「病狀」，並且「希望」魯迅不要「漠視愛你的朋友們的憂慮」，全信中充滿了對魯迅的愛護。這是對魯迅的病是如此的。假如魯迅有了別的問題，他當然會運用各種方法去救援的，這不是推測，是一種眞正的事實。

四、魯迅被通緝約七年之久未被逮捕的真相

魯迅自民國十九年（一九三〇）三月十九日被通緝，到民國二十五年（一九三六）十月十九日死亡止，共約七年⑩之久，未被逮捕，是什麼原因呢？

雖說前面曾列舉了租界，但在租界內亦曾發生秘密逮捕的事件，同時與租界當局交涉妥當，也有逮捕和引渡之事例；至於蔡元培和宋慶齡的庇護，也僅限於比較小的問題，至於逮捕不逮捕的問題，他們的影響力便小了。證據是蔡元培的總幹事、宋慶齡的友人楊杏佛，不是他們也沒有庇護得了嗎？更何況魯迅在這期間還曾到過北平，並曾在北平作過幾次公開的講演，要是決心逮

---

⑩ 實際上是民國十九年三月十九日（魯迅得知是此日，因而離寓躲避了一個月之久）通緝，到二十五年十月十九日，共六年八個月另二十四天。

捕他，他還能逃得掉嗎？

這個通緝約七年之久，沒有將魯迅逮捕的原因，是當時　蔣公鑒於國家處在危急存亡之秋，需要集中全國人才，共赴國難，曾秘密派人和魯迅接觸，欲爭取魯迅。那是一個長時期的工作，一直到魯迅亡故，才停止了此項工作。

那經過是十分曲折的，簡要的說，是這樣的：

民國十九年（一九三〇）十二月，蔣夢麟辭去教育部長而出任北大校長。國民政府於十二月四日任高魯爲教育部長，高不到任。自六日起，總統　蔣公當時以行政院長兼任教育部長，十五日，又任命李書華爲政務次長。一直到民國二十年（一九三一）六月十八日，幾達七個月之久，接着就由李書華繼任教育部長，到民國二十一年（一九三二）一月八日爲止。許廣平說，就在蔣先生兼任教育部長的期間，有人去向蔣先生告密，說：現在部裏的特約編輯周豫才，就是周樹人，也就是最激烈地反對你的中國自由運動大同盟和中國左翼作家聯盟的發起人和這兩個團體的頭子，也就是浙江國民黨省黨部呈請中央通緝，並已通緝在案的這個人。他的意思，原來是提請注意此事，加以處理，借此邀功。　蔣公聽了，反而說：「這事很好，你知道教育部中，還有他交好的老同事、老朋友沒有？應該派這樣的人，去找他，告訴他，我知道了這事，很高興。我素來很敬仰他，還想和他會會面。只要他願意去日本住一些時候，不但可以解除通緝令，職位也當然保留；而且如果有別的想法，也可以辦到。」許廣平接着說：「後來教育部來了人，說了這事，魯迅拒

絕了，然而還拖了幾個月，想爭取；到年底，就把這個特約編輯的職位裁撤了。以後，時常有謠言說這說那。」⓫

根據許廣平所說的「以後，時常有謠言說這說那」，便是說，以後仍然在爭取魯迅。

關於這樣爭取魯迅一事，是否眞有其事呢？

除了許廣平有如此的說法外，還有魯迅的日本朋友增田涉⓬和魯迅的三弟周建人⓭都曾說到此事，可見此事決非虛構。

關於教育部派人來和魯迅聯絡的人，很可能是張協和，但當錫金問許廣平時，許搖頭，但又說不出是誰，很可能許記不清楚了。在當時的教育部只能找出張協和與魯迅聯絡。看看張協和與魯迅的關係，便可知道。

⓫ 錫金：「魯迅爲什麼不去日本療養」，「新文學史料」第一輯頁一四九—一五〇。

⓬ 增田涉：「魯迅的印象」（一九四七年寫，一九七〇年修訂本）曾這樣寫着：「那是我在他家出入的時候（案：卽一九三一年），政府方面想要利用他吧，那是他正因爲政府的逮捕令而隱居着，當時的行政院長暗地派人向他聯絡，說行政院長希望跟他會面。但是他拒絕了。以一個民間的文人，而且正是在被下令逮捕的身份；竟然拒絕行政院長的會面要求（行政院長倘在日本，正相當於總理大臣，要是跟行政院長聯絡合作，那麼，他身邊的束縛就會馬上消失了吧），使人想到他那不屈服於權力的强悍。……」（「新文學史料」第一輯頁一五〇）。

⓭ 周建人：「回憶魯迅在上海的幾件事」中說：「首先國民黨的浙江省黨部發起，呈請國民黨南京政府通緝『墮落文人魯迅』，其理由是他組織了『中國自由運動大同盟』……有人說魯迅發表聲明，退出該組織。……」（同⓬）。

張協和，名邦華，浙江海寧人。魯迅於清光緒二十五年（一八九九）在南京礦路學堂時的同班同學，比魯迅年長八歲。以後同去日本，又在弘文學院同學；回國後，又在浙江兩級師範學堂同事。分手後，魯迅還在紹興給他翻譯化學教材。以後，又一直在北京教育部同事。從民國元年（一九一二）到十七年（一九二八），他都在教育部當普通教育司第一科科長（也代理過司長），與魯迅是十五年（一九二六）分手，平時是往來較多的。他以後仍在國民政府的教育部供職，但由科長降爲科員。三十年（一九四一），他也被任命爲特約編輯，到三十六年（一九四七）退休。又從「魯迅日記」中有一條，是這樣寫的：

一九三一年十月三日：「（上午）三弟引協和及其次男來，留之午膳。收八月份編輯費三百。」⑭

記着這樣經過的錫金，說明教育部來勸魯迅的人，不敢確定就是張協和。但，在當時的教育部，能去勸魯迅的人，也只有張協和是最合適的人選。但他也沒有完成任務。

張協和雖然沒有完成任務，而魯迅的職務也遭到了裁撤。可是爭取魯迅的工作，並沒有停止。

這是從李秉中的活動中得知的。李秉中是魯迅在北大授課時的學生，以後到南方從軍，畢業

---

⑭同⑪。

於黃埔軍校，參加過東江戰役，後來被派赴蘇聯和日本留學，在留學期間，經常和魯迅通信⓯。回國後，曾任國民黨的南京中央軍校政訓處的教官，是一個高級軍官。

關於李秉中勸說魯迅的事，許欽文答復錫金的信中說：「一九三〇年以後，李秉中在南京做教官。李寫信給魯迅說，如魯迅同意的話，他可以通過朋友，要求南京政府撤消通緝令。但魯迅回信說，不必了。因爲這樣做，肯定是有交換條件的。」⓰

從「魯迅日記」查出民國二十五年（一九三六），就是魯迅亡故的那一年，記着：

五月三十一日，午後得李秉中信。

七月五日（上午）得李秉中信。

七月十六日（上午）得李秉中信，卽由廣平復。

⓯ 李秉中於民國十三年（一九二四）在北大讀書時，通過訪問和通信而與魯迅熟識，他的從軍投身革命，……從十三年（一九二四）起至民國二十一年（一九三二）止，九年之中，不論在北京、在廣州、在北伐戰爭前討伐陳烱明的東江戰役的前線（一九二五年）、在日本(一九二七年以後)，他每年都給魯迅來信，談自己的思想和苦悶。魯迅有時答覆他，有時不答覆他。民國二十一年（一九三二年）六月以後，由北平到了南京，雖有時來探望，並且不時有些饋贈；但書信却少了。民國二十二年（一九三三）全年無信，民國二十三年（一九三四年）僅來了一張寫不了幾個字的明信片；未復。二十四年(一九三五)，又全年無信；于是到了二十五年（一九三六），這年的五月到七月間，正是日本侵略加强，反日運動高張之時，他代表官方，連寫了三封勸告魯迅的信。李秉中當時是高級軍官，他的信，當然奉了總統蔣公（當時蔣公是軍事委員會委員長）的命令而寫的。

⓰ 同⓫頁一五四。

前兩信，均未復，而第三信，是由許廣平復的。李秉中的第三信是這樣的：

魯迅吾師函丈：前呈一緘，諒陳

道席。比來

清恙如何？日夕爲念。邇天氣較涼，想當佳也。

稟者：關於吾

師之自由一事，中（李自稱）惟之數年矣！惟恐或有玷吾

師尊嚴之情操，是以不敢妄啓齒。近惟吾

師齒德日增，衰病荐至，

太師母遠在北平，互惟思慕，長此形同禁錮，自多不便。若吾

師同意解除通緝；一切手續，中當任之，絕不致有損吾

師毫末之尊嚴。成效如何，雖未敢預必，想不致無結果，不識

師意如何？伏乞

訓示。東行已有期否？吾

師病中，本不敢屢瀆，竊望

師母代作復示，曷勝佇盼！專此敬祝

痊福

師母大人，海嬰弟無恙。

學生　李秉中　七月十三日

這封信，就是「魯迅日記」中的「十六日（上午）得李秉中信」的那一封信。「日記」中還記着「卽由廣平復」。那封復信，雖然遺失，但由從前的信中，可獲知一二。例如魯迅在民國二十年（一九三一）二月十八日致李秉中的信中說：

「生丁此時此地，眞如處荆棘中，國人竟有販人命以自肥者，尤可憤嘆。時亦有意，去此危邦，而眷念舊鄉，仍不能絕裾徑去；野人懷土，小草戀山，亦可哀也。日本爲舊遊之地，水木明瑟，誠足怡心，然知之已稔，遂不甚嚮往。去年欲赴德國，亦僅藏於心。今則金價大增，且將三倍，我又有眷屬在滬，並一嬰兒，相依爲命，離則兩傷，故且深自韜晦，冀延餘年。倘擧朝文武，仍不相容，會當相偕以泛海，或相率而授命耳！」

這是魯迅在民國二十年（一九三一）答復李秉中的信，據日本岩波書店在一九三六年出版的「魯迅選集」第十二卷中，松枝茂夫翻譯了上面所引的信，信末譯者加了一條譯註，說：

「李受蔣介石院長之意而探詢魯迅，勸他在解除通緝令的同時出國遊歷，這是魯迅對此的答復。」（該書一五六頁）⑰。

---

⑰ 同⑪頁一五一。

這時李秉中尙在日本，總統　蔣公說明要教育部的人去勸說魯迅，而不會叫在日本的李秉中在民國二十年（一九三一）就寫信勸說的。這條譯註，是將後來（一九三六年）李秉中寫信勸魯迅的事，記錯了時間，提前加譯註在這裏。

但魯迅這種心態，一直到死不曾改變。民國二十五年（一九三六）七月，李秉中的信，「魯迅日記」中記着「卽由廣平復」，當然是由廣平在復信中婉拒了李秉中的請求！拖到十月，魯迅是「旣病且死」了，這一段爭取魯迅的活動，也自然而然的停止了。

總之，這一在過去沒有向外界透露過的事實看來，政府在總統　蔣公指導之下，爭取魯迅的工作，是一直沒有停止的，至於中央核准浙江省黨部呈請通緝「墮落文人」魯迅的通緝案，事實上，沒有眞正要逮捕他的意思⑱，而是經過愼重考慮，採取非常溫和的辦法，就是爭取他，或是請他到國外養病。如是以來，旣可以證明政府的寬大，又可以減弱左翼方面的聲勢。

⑱錫金在「魯迅爲什麼不去日本療養」一文中說：「『反動派』（按：指政府）不敢公開的逮捕或殘害魯迅，因爲這乃是『冒天下之大不韙』，是要激怒全國人民，受到永世的譴責和反對的。」這是很大的曲解！當時，政府已將他通緝，並且已加上罪名，假如逮捕他，在政府有效統治的區域裏，那一個敢公開譴責和反對？難道不知瞿秋白嗎？瞿是曾經擔任過中共的領導人，在錫金的眼裏瞿比魯迅要重要得多，不是公開逮捕而被處決了嗎？那更是錫金所說的「冒天下之大不韙」了，在政府統治的區域內，並沒有見到公開譴責和反對的人！所以，政府沒有公開逮捕魯迅，並不是錫金所說的理由，而是政府不要逮捕他，而要爭取他！

這是屬於政治的範疇，一個當政的政治家，有這種比較高明的想法和做法，是應該列入傳統的「人心惟危，道心惟微，惟精惟一，允執厥中」十六字眞傳之內的。依據當時的形勢看來，假如魯迅不死，這種工作，仍然不會停止，也當然不會逮捕他。

七十一年十月初撰寫

伍、魯迅與托派

小引

近來與鄭學稼先生閒談時，偶然談及魯迅，不免慨歎一番。在自由中國他是最有資格談魯迅的。他早年曾爲魯迅撰寫過一册「魯迅正傳」，後來因爲魯迅的資料增多，遂又重新改寫一次，是爲「魯迅正傳增訂本」。他經過這兩次寫作的經驗，對魯迅可以說是瞭解入微了。他說：

「……我細心地閱讀「魯迅全集」。讀後，認爲「全集」不僅爲我指示出人們的恭維和魯迅的本來價值不相稱，而且帶著若干政治的目的，我居然發現，魯迅先生除了他的文學以外，別的什麼也沒有。如果說他是「革命者」，他却躲在戰陣的後面；如果說他是「思想家」，他的腦子却沒有思想的筋紋。但他是否「青年的導師」，那我不明白，這要問他的受導者。我在同時又發

現：這革命家的歷史，並不表示他的「前進」，只浮現曲線的活動。……」❶

他本着這種認識，決定撰寫「魯迅正傳」了。接着他又說到撰寫的原因、經過、和中共份子的批評道：

……三十年代末和四十年代初，受中共指揮和影響的青年有「魯迅熱」。我反抗這潮流，讀第一版「魯迅全集」後，決定在井潭的草舍菜油燈下寫完兩本書：「魯迅正傳」和「由文學革命到革文學的命」。

「魯迅正傳」出版後，引起贊同和反對。到中共建立政權，它的文學史作者們在平常罵我為國民黨特務，如王瑤的「新中國文學史稿」上册。曾彥修的「胡風反革命理論活動的過去與現在」，有下面一段話：

「一九四三年底，胡風在為國民黨的時事新報所作的論文『現實主義在今天』，……據胡風在解放後再版的『論現實主義的路』一書中的解釋，這裏有些地方是指的鄭學稼云云。這顯然是胡風在解放後的一種詭辯。鄭學稼是人所共知的國民黨特務托洛茨基分子，他與現實主義有什麼關係呢？鄭學稼的理論怎麼會變成了現實主義內部的問題呢？」（一九五六年

---

❶「魯迅正傳」初版序頁三。

五月「人民出版社版」）

我不記得胡風的「現實主義在今天」說什麼，它該與我的「論民族形式」一文有關，它是批評胡風的「民族形式觀」，曾諷刺魯迅高足胡風。曾彥修未見過我的論文就罵胡風，至於誣我爲「國民黨特務托洛茨基分子」，與圍剿魯迅派胡風集團時，誣胡風爲「國特」，和「四人幫」事件後說江青、張春橋是「國民黨特務」，同是共產黨的標準倫理觀。……

還有曹聚仁。他得中共特准到香港後，寫「魯迅評傳」，內有這段話：

「前幾年，有一回，我答覆一位比較知心的朋友的問話（他問我，究竟爲什麼到香港來的？）道：「我是爲了要寫許多人的傳記，連自傳在內，才到香港來的。第一部，就是要寫『魯迅評傳』。……先前，我也還有埋首研究，做不朽勝業的雄心。而今我恍然明白了，若不趕快把所知道的寫起來，那先父夢岐先生……六十年的文化工作，就等於一個泡沫，消失得乾乾淨淨了。而說魯迅的，也只能讓聶紺弩、王士青、鄭學稼之流去顚倒黑白，亂說一陣了；我把眞實的事實，擺在天下後世的人面前。（那些接近魯迅的人，都已沒有膽量把眞實的魯迅說出來了。）」（第一五八頁）

……我的初版「魯迅正傳」，只力說魯迅不是「革命家」，不是「革命的青年導師」，不是「前進的中國思想家」，與曹聚仁的「魯迅評傳」若干觀點並無不同。如果當時我對魯迅說得不完全，那由於我未閱全部魯迅的著作。它的基本觀點，並沒有與魯迅的眞實生活相反，更未曾「顚倒黑白」。我所以要改增舊版，爲著閱讀二十卷版的「魯迅全集」、十卷版的「魯迅全集」、兩本「魯迅書簡」、兩本「魯迅日記」，和魯迅夫人許景宋，魯迅的好友學生們著作，有更多的資料，可供我更客觀地評論魯迅。……❷

鄭先生談這些撰寫「魯迅正傳」的前後情形之後，並說到中共一直大捧魯迅，尤其在舉行魯迅誕生百年紀念大會的前前後後，把魯迅譽爲聖人，他們曾運用了一切美好的形容詞來形容魯迅，把魯迅塑造成前無古人的偉大的文學家、思想家和革命家。中共對魯迅的讚譽，實在太過分了！須知被抬舉得愈高，跌下來時就愈重，恐怕將來魯迅會遭到清算！

我認爲中共佔據大陸之後，毛澤東繼續不斷的發動各種運動和文藝整風，把人整得慘兮兮的，以致學者和作家都不敢寫什麼文章了，只有寫寫關於魯迅的文章，如注釋魯迅全集，搜求魯迅的遺文，和對魯迅種種考證的文字。這也是如清朝的文字獄太厲害，文人們只有搞考據注疏之類的工作是一樣的。魯迅既然被捧了幾十年，怎麼好清算的？用什麼理由清算呢？鄭先生說的很好，他說欲加之罪何患無詞？並且，魯迅還眞有一個問題可供發揮呢？那就是

❷「魯迅正傳」增訂版序頁二—四。時報文化公司六十七年七月十五日初版。

魯迅與托派❸的關係！

說到這裏，問題倒是不小，因爲中共與托派是勢不兩立的敵人，假如魯迅與托派有關係，將來，終有一天會被中共清算的。

當民國二十五年（一九三六）爆發國防文學論爭時，周起應（周揚）等卽在暗中散布謠言，說魯迅與托派有關係，遂引起托派向魯迅寫信，而馮雪峰執筆替魯迅撰寫的「回」托洛茨基派的「信」，在周起應等主持的刊物上，便一直拒絕刊載，那就是不承認魯迅關於托派的辯白。

既然有如此的一段經過，鄭學稼先生關於魯迅在將來有可能被清算的推測，說是有「先見之明」，也不是過分的讚譽！

究竟魯迅與托派曾經發生過怎樣的關係？我在這裏根據資料試求解答一下這個問題。

---

❸托派：就是托洛茨基派的簡稱。根據「聯共（布）黨史簡明教程」有關記載：「托派原是俄國工人運動裏的反對列寧主義的派別，後來『墮落』成爲『完全反革命的匪幫組織』。理論的指導者托洛茨基不承認農民有革命性，認爲蘇聯不能單獨一國建設社會主義，認爲殖民地國家的革命不能勝利。一九三七年被蘇俄史大林所整肅。」托派組織在各國都有。中共則稱：「一九二七年『大革命』遭受挫折之後，也曾出現少數托派份子，他們和陳獨秀等結合，在一九二九年形成了反革命的小組織，散布反革命宣傳。」王凡西在「雙山回憶錄」則稱中國的托派爲中國反對派，人數也不算很少，他們是反對中共的，尤其在理論上使中共特別頭痛。鄭學稼先生因爲研究共黨問題，對中國托派有很深的了解，對陳獨秀尤爲熟悉。中共深懼鄭先生的研究，曾誣其爲托派，鄭先生也有專書批駁。近年鄭先生出版「中共興亡史」一書，對中共和中國托派的來龍去脈，分析得極爲深刻、和清楚明白。

一、伊羅生(Hayold R. Isaacs)與托派的關係

關於伊羅生(王凡西譯為易洛生)與托派的關係，王凡西在「雙山回憶錄」❹中說：

「當我一九三四年年底回到上海時，反對派組織的主要負責人是陳其昌同志。相談之下，才知道幾年來反對派之得以繼續存在，可說多虧了他的勉力撐持，獨秀等入獄，組織曾由劉伯莊等老人試行維持，但過不多久，這批人相率北上，進大學當教授了。以後便是其昌的獨木支大厦時期。大約在一九三三年或三四年初，有兩個外國記者同反對派發生了關係，一個是李福仁，他是南非的老共產主義者，在二十年代末就轉入了托派的；另一個是美國人易洛生，原本同情斯大林主義，在上海辦一英文雜誌，態度很左傾。因為中共領導要他寫文章攻擊陳獨秀，並且供給他一些虛擬的材料，要他誣衊中國托派，使他發生了反感，竟逼他變成了托派。易洛生成了托派，決心寫一部關於中國革命的歷史。他結束了雜誌，將印刷機捐給了組織，自己擇居於當時的北平，僱用劉仁靜作他的翻譯。其時，北京有幾個青年學生團結在劉和易的周圍，從事於比較積極的反對派活動。這些人中，有後來較為著名的劉家良，斯朝生與王耀華。當我出獄時，劉斯王三人以

---

❹ 王凡西著：「雙山回憶錄」，頁一九〇—一九一。該書係九龍新界周記行一九七七年十二月第一版。

及另一位扈煥之已經來到了上海，並且與李福仁一起。組織了一個臨時的領導機關。在理論上，這幾位新出山的青年領袖受着劉仁靜的指導，所以他們一經登臺，立刻就來清算監獄中的陳獨秀，把他早已由托洛茨基爲之刷清的什麼「機會主義」、「侮辱紅軍」，甚至「誤國政策」的舊罪名，統統搬將出來，加以鞭笞，而且還通過決議，列舉罪狀，要南京監獄裏的「老頭子」承認，否則「開除」。陳其昌和當時剛出獄的尹寬等，見了此種狂妄可笑的行爲，竭力表示反對，斯朝生和劉家良等便將他們也一併「開除」了。這批人的氣燄有點像黨裏的王明派，因爲他們似乎也有了點「國際靠山」。其實李福仁與易洛生都是眞誠的革命者（至少就那時說，因爲今天，李福仁仍是托洛茨基主義者，易洛生却已退回到資產階級民主主義了），他們對中國反對派情形很隔膜，因之受了劉仁靜的蠱惑。易洛生而且還幫劉仁靜寫了一本英文小册子，名叫「五年來的中國左派反對派」，內容是劉仁靜將自己描寫成中國托派運動中的列寧或托洛茨基。劉仁靜的這一文件，亦卽斯朝生和劉家良們當時所擁護的綱領。後來在一九三五年八月間，由易洛生携送給住在挪威的托洛茨基，並依據之進行討論。易洛生有談話記錄寄回來，我們曾將之譯載在「中國革命問題」裏。談話稿中某些批評非常出色，譬如易洛生說道：「他（卽托氏——作者）對於劉仁靜自命爲中國運動中布爾雪維克傾向的代表的那種驕傲態度，頗覺有趣。」又說：「劉仁靜把他自己心裏的東西和羣衆心裏的東西『當成一個』了。」談到其他細微之爭，托洛茨基連連搖頭地說：「把這些前途問題來妨礙行動的第一步——荒謬！荒謬！」至於斯朝生和劉家良們的「開除」陳獨秀等，托洛茨基認為「絕不允許」。

總之，那是劉仁靜利用了兩個外國同志的天眞，又利用了少數青年同志的虛榮，想報復他過去幾年中所受「委曲」而鬧出來的一場悲喜劇。這個戲是很快完場的，大約在一九三五年春夏間，由於一個水電工人中的國民黨特務的混進組織，斯朝生等四人在上海，劉仁靜在北京同被逮捕。……」

這是中國托派王凡西對伊羅生與托派關係的始末，說得很詳盡，伊羅生的確參加了托派，並且還替中國托派作了工作。鄭學稼先生根據他所得的資料，綜合說明伊羅生的簡歷如下：

「伊羅生的眞史是這樣的：他是第三國際駐華工作者之一，在滬主編「中國論壇」為「蘇區」宣傳，和攻擊國民黨。他內心不滿立三路線，一九三三年十一月閩變時，前往福州，目擊陳銘樞們的滑稽劇，和中共的工作，證明斯大林對華路線的破產。他經第三黨首領與在閩一托派分子長談後，轉到托洛茨基的一邊。返滬，他與劉仁靜等發生聯繫，並把第三國際所有印刷器材交給托派，另得劉助寫「中國革命的悲劇」（The Tragedy of the Chinese Revolution）。他不久與劉一同被捕。釋放後，曾見托洛茨基，托為他的著作寫序。當他轉變時，一九三四年一月中共中央給他哀的美頓書，未接受。因此，中共中宣部發表「絕對反對『中國論壇』上隱匿的托洛茨基主義的傾向」斥責他。由於消息不通，二月十四日朱德電賀「中國論壇報」，謝它鼓吹中國工農的革命（載三月一日「紅色中華報」第一五六期）。

抗戰末期，他以美報記者身分到渝，「新華日報」歡迎他，用伊賽克（Isaacs）譯音，不說他就是伊羅生。」❺

鄭學稼先生還說伊羅生在中國抗戰末期時，到過抗戰時的首都重慶。可見伊羅生對中國是很感興趣的。他回到美國後，曾到哈佛大學教書。

二、魯迅與伊羅生的關係

魯迅與伊羅生的關係，「魯迅全集」一九六一年十卷版有這記載：「伊羅生美國人，『中國論壇』（China Forum）（當時上海出版的中英文合印的刊物，每月發行一次或兩次）的編輯。他托魯迅選現代中國作家的短篇小說集。魯迅與茅盾選出譯爲英文，名『草鞋脚』。」（「全集」第六卷第一六三頁「附記」和第五六二頁註）。❻

從「魯迅日記」的記載，可以看出伊羅生與魯迅交往的經過。魯迅是這樣記載的：

---

❺ 鄭學稼著「魯迅正傳」頁三七三—三七四。

❻ 同❹頁三七三。關於「草鞋脚」一書，當時並沒有出版，而是四十年後—一九七四年才在美國出版。據茅盾在「關於選編「草鞋脚」的一點說明」中說：「伊羅生的『草鞋脚』，直到尼克森訪問中國後，美國發生了『中國熱』的時期，才能出版。」一册編譯的書，一直拖到四十年才出版，也算是一種奇聞。

一九三二年

七月十二日，上午伊賽克來。

十二月二十九日，得伊羅生信。

一九三三年

二月十一日，下午伊羅生來。

五月二十八日以戈理基短篇小說序稿費寄伊羅生。

七月五日晚伊君來邀至其寓夜飯，同席六人。

一九三四年

二月廿八日下午伊君來。

三月二十五日夜招知味觀來寓治饌，爲伊君夫婦餞行，同席共十人（此時中共已公開反伊）。

五月二十八日，午後得羅生信。

五月三十日，午復羅生信。

七月十三日，夜得羅生信。

七月十四日，與保宗（茅盾）同復伊羅生信。

七月二十八日，得羅生信。

八月二十日，得羅生信。

八月二十二日，下午與保宗同復伊羅生信。

八月二十五日，上午寄伊羅生信。

九月二日，晚得羅生信。

十一月二十七日，上午得羅生信。

一九三五年

三月二十六日，上午得伊羅生信。

六月二十五日上午仲方（茅盾）來，伊羅生來。

十月七日，上午得伊羅生信。

十月十六日，夜復伊羅生信。

由上面的記載，最使人驚訝的，是受中共和第三國際處分的托派伊羅生，一九三五年六月到魯迅家，和通信至十月止❼。這就是有一天，中共清算魯迅時，有了很好的證據。

❼ 同❹頁三七四——三七六。

三、周揚等攻擊魯迅與托派有關係

魯迅說：「現在，他們（指周揚等）又說我『破壞國家大計，要將我推到『托派』去！」

馮雪峰說：「魯迅則從五月中旬起開始生病，到五月底病已很重，到七月初旬才開始好轉。同時，在這五、六月間，誣蔑魯迅『反對統一戰線』的流言蜚語却不但沒有停止，反而更盛起來，甚至把魯迅同托派相提並論。……」（馮雪峰：「有關一九三六年周揚等人的行動，以及魯迅提出『革命戰爭的大衆文學』口號的經過」）

這便是「國防文學」和「民族革命戰爭的大衆文學」兩個口號論爭時，提出「國防文學」口號的周揚，對魯迅的攻擊。這種方法是很毒的，當時的情形要說誰是托派，誰便是罪大惡極的人。是要被清算鬪爭，甚至向國民政府告密而借刀殺異己。

當時，魯迅對中共「文總」的鬪爭⑧，已到不能調和的地步，周揚攻擊魯迅與托派有關係，欲置魯迅於死地。而魯迅則發表了「答徐懋庸並關於抗日民族統一戰線問題」，直認周揚是惡劣

---

⑧ 見本書第一篇「從『魯迅書簡』看魯迅對中共『文總』的鬥爭」。

的青年，使周揚在上海無法從事工作⑨。但，周揚對魯迅的攻擊，當時傳播的不大普遍，而魯迅對周揚的攻擊，則是一個震撼文壇的大事件。

四、托洛茨基派致魯迅的信

魯迅先生：

一九二七年革命失敗後，中國康繆尼斯脫不採取退兵政策以預備再起，而乃轉向軍事投機。他們放棄了城市工作，命令黨員在革命退潮後到處暴動，想在農民基礎上製造 Reds 以打平天下。七八年來，幾十萬勇敢有爲的青年，被這種政策所犧牲掉，使現在民族運動高漲之時，城市民衆失掉革命的領袖，並把下次革命推遠到難期的將來。

現在 Reds 打天下的運動失敗了。中國康繆尼斯脫又盲目地接受了莫斯科官僚的命令，轉向所謂『新政策』。他們一反過去的行爲，放棄階級的立場，改換面目，發宣言，派代表交涉，

---

⑨ 趙浩生專訪：「周揚笑談歷史功過」。刊「七十年代」一九七八年九月號。周揚在這篇「專訪」中說：「再一個原因是對『國防文學』的論戰和路線的關係我處理得不好。因此，我在那裏的工作很難做。當時是我負責的嘛。我做負責人是在「黨」遭到破壞以後，沒有人，我才來做頭。……那時候二十幾歲，確實也不懂事。革命熱情是有的，但工作就很難做了，特別是魯迅公開指名批評我以後。……」

要求與官僚、政客、軍閥，甚而與民衆的劊子手『聯合戰線』。藏匿了自己的旗幟，模糊了民衆的認識，使民衆認爲官僚、政客、劊子手，都是民族革命者，都能抗日，其結果必然是把革命民衆送交劊子手們，使再遭一次屠殺。史太林黨的這種無恥背叛行爲，使中國革命者都感到羞恥。

現在上海的一般自由資產階級與小資產階級上層分子無不歡迎史太林黨的這『新政策』這是無足怪的。莫斯科的傳統威信，中國 Reds 的流血史跡與現存力量——還有比這更值得利用的東西嗎？可是史太林黨的『新政策』越受歡迎，中國革命便越遭毒害。

我們這個團體，自一九三〇年後，在百般困苦的環境中，爲我們的主張作不懈的鬪爭。大革命失敗後我們卽反對史太林派的盲動政策，而提出『革命的民主鬥爭』的道路。我們認爲大革命既然失敗了，一切只有再從頭做起。我們不斷地團結革命幹部，研究革命理論，接受失敗的教訓，教育革命工人，期望在這反革命的艱苦時期，爲下次革命打下堅固的基礎。幾年來的各種事變證明我們的政治路線與工作方法是正確的，我們反對史太林黨的機會主義，盲動主義的政策與官僚黨制，現在我們又堅決打擊這叛背的『新政策』。但恰因爲此，我們現在受到各投機分子與黨官僚們的嫉視。這是幸呢，還是不幸？

先生的學識文章與品格，是我十餘年來所景仰的，在許多有思想的人都沉溺到個人主義的坑中時，先生獨能本自己的見解奮鬥不息！我們的政治意見，如能得到先生的批評，私心將引爲光

榮。現在送上近期刊物數份，敬乞收閱。如蒙賜覆，請留存×處，三日之內當來領取。順頌

健康！

陳××六月三日

魯迅把這封信發表，後面的署名是陳仲山（其實是陳其昌），寫成「陳××」，使人懷疑是陳獨秀之類的人寫的⑩。王凡西在「雙山回憶錄」中說到陳其昌給魯迅寫信的經過是這樣的：

當時祇有我們——中國托洛茨基主義者——因爲一向留意蘇聯與共產國際十多年來種種轉變

---

⑩鄭學稼先生說：「原來有陳仲山者，於六月三日寫信給魯迅，依「日記」，該信於七月七日收到，也就是答信在收到信約前一個月。陳仲山文章寫「陳××」，何以當日不寫眞姓名？我們知道日記是不擬公開的，最初的手稿影印版，是一九五一年，也就是在魯迅死後十五年。難道那信是魯迅和馮雪峰僞造的嗎？這是待解答的謎題。」（「魯迅正傳」頁四九三）。現在，看魯迅的答信是「六月九日」，陳的信是「六月三日」，這並不衝突，而且有王凡西的「雙山回憶錄」詳述陳其昌寫信給魯迅的經過，證明「那信」不是僞造的，按來信的「陳××」原署名「陳仲山」，本名陳其昌。當時他是托派組織臨時中央委員會的委員。另有許廣平說：

「一九三六年夏，魯迅忽然接到一封來信，信中肆無忌憚地攻擊黨的抗日政策，惡意挑撥魯迅與黨的關係。魯迅在這封信裏，已經清楚地看出那是托派的言論和主張。在七月七日的日記中，明白地寫道：『得陳仲山信，托羅茨基派也。』魯迅在『答托洛茨基派的信』中，徹底駁斥了托派的反革命謬論……」（許廣平「不許周揚攻擊和誣衊魯迅」刊香港「觀察家」一三二期）。

與墮落的歷史，能够清楚地理解此一新政策的前因後果，能够正確地解釋此一轉變的來龍去脈。「鬥爭」剛好在這個時候出版，可謂投合了客觀的需求。就我個人的接觸說，上海一帶的中共同情者，有不少人是以同情態度來接受「鬥爭」的。這種同情以前不曾有過，以後也沒有過。所可惜的我們的力量太小，遠趕不上這個時代要求。因爲機器太原始，「生產力」低，每個月只能出得一張四頁半開的報紙，而且每期只印得二百份。不過靠了它的經常與持久，這份報紙的影響總是不斷在擴大，在中國反對派全部存在時期的所有刊物中，它到底是最有影響的一種。

如上所述，「鬥爭」初期的主要內容是批評中共的新轉變，提出我們的抗日主張，爲全權國民會議及其他革命的民主政綱作號召。到了是年八月以後，內容却側重於反對斯大林的恐怖了，因爲發生於這一月中的關於齊諾維也夫等十六名老布爾雪維克的審判，激動了國際與中國的輿論。不過在故事向這方面講下去之前，讓我先提到一件與「新轉變」有關的插話，那便是陳其昌與

（續前）許廣平也是查日記爲得陳信爲七月七日，而公布出來的陳信爲「六月三日」，復陳信爲「六月九日」，竟在一個月之前，故鄭學稼先生疑爲僞造，但根據王凡西的「回憶錄」陳信和復信，並非僞造。這究竟是怎麼回事呢？我想合理的說法，只有一個，那便是「七月七日」的信是另外的一封。這一封信是沒有答復的，因爲魯迅在這一日的日記裏只說：「得陳仲山信，托洛茨基派也。」並未注上復信的話。而許廣平的話，也是把前一信的復信，搬到後一信的後邊了。到後來，這種推測找到正確的證據了，那便是王凡西說：「他又寫了一封長信給魯迅，當然沒有答復。」（「回憶錄」頁二〇六）

魯迅之間的通信。我沒有清楚當時發生於上海左翼文人中間的爭論情形。後來也不曾有機會去閱讀那一爭論的有關文章，不過大體是知道的，它多少牽涉到文學中的階級鬥爭立場和階級合作立場之爭，代表前者的是魯迅，他較執着於左翼作家們的原有立場；代表後者的是徐懋庸與周起應（周揚）等，他們無條件擁護新政策的文學路線。故若從更大的背景看，這簡單是斯大林由「第三時期」轉入「人民陣線」時所引起的一點新舊之爭。徐周等人提出了「國防文學」的口號，魯迅不甚贊同，他認爲應該提「民族革命戰爭的大衆文學」口號。我們並不以爲「第三時期」比「人民陣線」較爲正確；但在魯迅和徐懋庸等人的爭論，亦卽他和斯大林政策新轉變的爭論中，却多少表示了眞誠的革命者對於階級鬥爭的堅定，對於無條件投降於國家主義的厭惡。魯迅始終不是一個馬克思主義者，但這位偉大的文學家永遠是一個同情被壓迫與被踐踏者鬥爭的戰士，因而卽使不是思想上，至少在感情上他乃是階級鬥爭學說的服膺者。何況，在他思想和行動的逐漸成長中，反對各式各樣國家主義文學的鬥爭，曾起了決定性作用的。現在（一九三六年），提倡了多年的「普羅文學」，與國民黨御用文學及所謂「第三種人」等作了長期尖銳鬥爭之後，忽而要掉轉槍頭，化敵爲友，從事什麼「國防文學」了，在他心裏當然不會舒適安靜的。於是引起了爭論，而且這個「內部」爭論，傳到了我們耳中。陳其昌聽到了這消息後非常興奮，於是寫了一封信（此信後來附印在魯迅的覆信後〔按：應改爲前字〕面，被搜入全集中），附上「鬥爭」及另外幾册中譯的托洛茨基的小書，由內山書店轉送魯迅。⑪

陳其昌在托派中，本來知道「魯迅始終不是一個馬克思主義者」，又得知「魯迅與周揚們對立，反對『國防文學』，反對轉得太右而寫這封信。」鄭學稼曾批評說：「難道他不明白魯迅的左轉，以及和中共合作，是爲虛名，並非由於眞正理論的認識嗎？」（「魯迅正傳」頁四九五）。所以魯迅不會和陳其昌們聯繫的，因爲魯迅是喜歡熱鬧的，喜歡有人擁護的，他絕不會和陳其昌們一樣自居於少數的反對派。他寧願和外國的托派如伊羅生之流聯繫，而向國外出風頭！

五、魯迅的回信

陳先生：

先生的來信及惠寄的鬥爭火花等刊物，我都收到了。

總括先生來信的意思，大概有兩點，一是罵史太林先生們是官僚，再一是斥毛澤東先生們的『各派聯合一致抗日』的主張爲出賣革命。

這很使我『糊塗』起來了，因爲史太林先生們的蘇維埃俄羅斯社會主義共和國聯邦在世界上

---

⑪ 王凡西：「雙山回憶錄」頁二〇四——二〇五。

的任何方面的成功，不就說明了托洛斯基先生的被逐，飄泊，潦倒，以致『不得不』用敵人金錢的晚景的可憐麼？現在的流浪，當與革命前西伯利亞的當年風味不同，因爲那時怕連送一片麵包的人也沒有；但心境又當不同，這却因了現在蘇聯的成功。事實勝于雄辯，竟不料現在就來了如此無情面的諷刺的。

案：這段話是馮雪峰起稿的，他是完全抄襲斯大林派的宣傳：先指托洛斯基向帝國主義報刊賣文，後說他接受希特勒的金錢。……魯迅自己一面談革命，另一面領國民政府的月三百元大洋的乾薪，當然不算做「用敵人金錢」。（「魯迅正傳」頁四九五——四九六）。

其次，你們的「理論」確比毛澤東先生們高超得多，豈但得多，簡直一是在天上，一是在地下。但高超固然是可敬佩的，無奈這高超又恰恰爲日本侵略者所歡迎，則這高超仍不免要從天上掉下來，掉到地上最不乾淨的地方去。因爲你們高超的理論爲日本所歡迎，我看了你們印出的很整齊的刊物，就不禁爲你們捏一把汗，在大衆面前，倘若有人做一個攻擊你們的謠，說日本人出錢叫你們辦報，你們能够洗刷得很清楚麼？這決不是因爲從前你們中曾有人跟着別人駡過我拿盧布，現在就來這一手以報復。不是的，我還不至于這樣下流，因爲我不相信你們所下作到拿日本人錢來出報攻擊毛澤東先生們的一致抗日論。你們決不會的。我只要敬告你們一聲，你們的高超的理論，將不受中國大衆所歡迎，你們的所爲有背于中國人現在爲人的道德。我要對你們講的話，就僅僅這一點。

案：魯迅所說托派有鉛印的刊物，根據王凡西的回憶，實況是這樣的：閩變時，第三國際在華工作者伊羅生，目擊福州中共的活動，突然轉向，經過托派的劉仁靜，把他所擁有「中國論壇」的印刷器材給與該派，因此托派有排印的刊物，但不久伊羅生與劉仁靜被捕，那印刷所也被查封了。當魯迅寫這封信前，曾接見伊羅生，和一再同保宗（茅盾）與伊通信。筆錄者馮雪峰，該知道這些事，爲何魯迅那樣地騙人呢？他暗示托派拿日帝錢，寫在莫斯科大審判劇的判決書上，這啓示毛澤東們於抗戰軍與就擴大「托匪漢奸」的宣傳。至於魯迅在北四川路底一直受內山完造的保護，那又當別論。（「魯迅正傳」四九六——四九七。）

最後，我倒感到一點不舒服，就是你們忽然寄信寄書給我，不是沒有原因的。那就因爲我的某幾個『戰友』曾指我是什麼什麼的原故。但我，卽使怎樣不行，自覺和你們總是相離很遠的罷。那切切實實，足踏在地上，爲着現在中國人的生存而流血奮鬥者，我得引爲同志，是自以爲光榮的。要請你原諒，因爲三日之期已過，你未必會再到那里去取，這信就公開作答了。卽頌大安。

魯迅　六月九日

（這信由先生口授，O・V・筆寫）⓬

案：魯迅這樣的話，正是報答中共從前捧他爲中國的高爾基，同時也指明他的「某幾個『戰友』曾指我是什麼什麼的原故」，也就是指周揚等說他是托派的原故。這封信說「但我即使怎樣不行，自覺和你們總是相離很遠的罷。」——自然是馮雪峰執筆時，按魯迅的立場、態度、和多次談話中他所表示的意見而寫的。當然也有馮自己的意見。這樣說，一方面答復陳其昌，一方面也是反擊周揚等的話。更重要的是「對『毛澤東先生們』的捧拍語」，影響到後日毛澤東在延安大捧魯迅並利用魯迅，以達到文藝整風的目的。所以這一封信，頗有深遠的影響。

這封信是由馮雪峰寫的，所以後面特別注明「這信由先生口授，O・V・筆寫。」其實是「魯迅說：『你去處理吧！』」由於魯迅的病重，信是由馮雪峰寫的，當然是按馮雪峰的意思寫的。馮雪峰說：

「現在我把魯迅這時發表兩篇文章的經過敍述一下。

「就在六月初旬的一天下午，我抱着這樣的目的去看魯迅。魯迅病臥在床上，見我去，突然地豎起身來，從枕頭底下取出幾本刊物和一封信來，一面遞給我，一面十分氣憤地說：『你看，

⓬ 魯迅：「且介亭雜文附集」頁五八六—五八八。

眞的來了！可惡不可惡！』又說：『我連密斯許（指許廣平）也沒有給她看過。』魯迅當時的表情，除氣憤之外，我覺得還有點寒心的流露。

「我一看，是托派寄來的刊物和一封署名「陳仲山」的信。我看了後說：『他們自己碰上來，就給他們一個迎頭的痛擊吧！』

「魯迅說：『你去處理吧！』

「當時我也提到兩個口號已發生論爭，兩方對立情況也更厲害起來，而胡風的文章也確實寫得不好等事情。我向魯迅說，他是否可以發表一個談話之類的東西，一方面對『民族革命戰爭的大衆文學』這個口號，正面表示他的意見；一方面，不排斥『國防文學』口號。他同意，也叫我照他的意見和態度去處理。

「我回來後，卽以『O・V・筆錄』形式擬了「答托洛茨基派的信」和「論現在我們的文學運動」，都是完全按照他的立場，態度和多次談話中他所表示的意見寫的。發表後他自己都看了，認爲符合他的立場、態度和意見的；並且從刊物上剪下來，放到他的積稿堆中去，準備將來編進他的文集。

「魯迅發表這兩篇文章，對當時抗日民族統一戰線政策的宣傳和文學問題都有意義和起了作用。

「其中有幾點，魯迅的態度是特別明白的：

「1.魯迅在這兩文中，對於抗日民族統一戰線政策的立場是堅決的，態度是熱烈的。特別是在『答托洛茨基派的信』中，他痛擊了托派，同時熱烈擁護黨，擁護毛××和毛××制定的抗日民族統一戰線政策，寫出××金光閃耀的名字，並且說，他能引毛××和在毛××領導下的共產黨人爲同志，『是自以爲光榮的』。

「2.在兩文中，都在打擊托派的同時，也批判了階級投降主義的傾向。

「3.在『論現在我們的文學運動』中，魯迅從無產階級的立場和在抗日民族統一戰線中堅持無產階級的領導權和領導責任的觀點，明確地解釋了『民族革命戰爭的大衆文學』這口號。

「在『論現在我們的文學運動』中，仍然沒有明確地說『民族革命戰爭的大衆文學』，這口號係由魯迅提出。這是因爲在他床邊談到他發表這個談話的時候，我雖然也曾經向他提出過順便說明一下這口號原是由他提出來的意見，他却認爲已經提出來了，也就不必再說明了；所以文中就仍然沒有提到這口號由誰提出。由於這個緣故，又由於我考慮不周到，其中『但民族革命戰爭的大衆文學，正如無產階級文學的口號一樣，大概是一個總的口號罷』一句裏面的『大概』和『罷』三個字，在措詞上就不够妥當和肯定；發表後我也對魯迅說到過這一點，魯迅却說：『這也不要緊！』

「這兩篇文章是在幾個刊物上同時刊登出來的，但送到周揚、夏衍等領導的『光明』半月刊去，却拒絕刊登。後來又托茅盾送到周揚主持的『文學界』月刊去，它只刊登了『論現在我們的文學運動』一文，却在後面附了一個千把字的編者附記，攻擊了魯迅；而『答托派信』又仍然不予刊登。」⑬

這就是說明了周揚等人的心裡，還是確認魯迅與托派是有關係的，不相信他的「答托派信」。

王凡西對於魯迅答復的信，也有很大的感觸，他說：

魯迅當時已病得很重，不能執筆，乃由O•V•（據說卽是雪峯）筆錄他的口授，給了答覆，公開登載在一本名叫「現實」的文學雜誌上。書信俱在，內容不必贅述，總之，他說，他看到了我們這些印刷得「很整齊」的書報吃驚，懷疑這是從日本人方面拿錢來辦，又說我們「有背於一個中國人的做人道德」云云。

其昌做這件事時我在香港，事前他也沒有和其他同志商量，故事後頗受同志們的指責，尤其是南京監獄中的陳獨秀，知道了大發脾氣，問我們爲什麼會對魯迅發生幻想。他認爲，魯迅之於共產黨，無異吳稚暉之於國民黨，受捧之餘，感恩圖報，決不能再有不計利害的是非心了。其昌

---

⑬ 馮雪峰：「有關一九三六年周揚等人的行動以及魯迅提出『民族革命戰爭的大衆文學』口號的經過」。

從北大時候起就熱烈崇拜魯迅，很敬重他的骨氣，幻想發生，卽由於此。看到魯迅那封滿紙誣陷的覆信後，很覺得痛苦。他痛心的倒不是因爲自己受了汚衊，而是發覺到牽涉進黨派政治之後，甚至一個最有骨氣的人，也不得不人云亦云，而且不得不應用他本人從來痛恨的「流言」與「盧布」（這兒應指「日圓」）冷箭。他又寫了一封長信給魯迅，當然沒有答覆，不多久，魯迅也就死了。當時我對其昌此事也嫌他過於鹵莽；但事後證明，魯陳二信被搜在那大量流通的「全集」中，也未始不是好事。閱讀之下，明眼人自能看出，究竟誰是誰非[14]

魯迅對托派誣陷的話，使陳其昌十分痛心，因爲魯迅對陳源、梁實秋誣陷他拿俄國的盧布，一再的爲文攻擊和洗刷，但魯迅在這一封信裏竟誣陷托派拿日本的日圓，可是魯迅經常把用括號圈起來的「正人君子」送給陳源和梁實秋們，藉以諷刺。由這一封信看起來，魯迅也用陳源等手法整人，可見魯迅也要自食其果了！

說起中國的托派，在理論方面反對中共，在當時是最具有威力的！所以中共與之勢不兩立。中共無法打擊他們時，就向國民政府密報，借刀殺人，使當時的托派，受影響很大。在研究三十年代的時代背景時，有人批評國民黨的反共，實在太老實了！假如在當時，不惟不逮捕托派，而且運用關係，對托派加以利用。可以說在理論上及作法上會給中共很大的打擊！

[14] 同[11]頁二〇五－二〇六。

在幾十年後的今天，看起來，這個意見，不是沒有見地的。因爲在政治鬥爭上，需要用多方力量的！

六、魯迅為何被吹捧？

魯迅在民國二十五年（一九三六）十月，「旣病且死」之後，中共頭頭毛澤東本來就在千方百計的利用魯迅⑮，這是毛某模仿宋太祖趙匡胤的。趙暗中導演陳橋兵變黃袍加身一幕篡位劇時，曾運用陳摶老祖，他表演聽說趙匡胤作了皇帝，狂喜得從驢上跌下來說：「天下從此大定矣！」對當時的民心有極大的安定作用。魯迅死了，毛某更要特別的利用魯迅。老實說，魯迅活着，利用還比較困難，因爲他還能思想能說話，說出話來，並不一定完全合乎中共的需要。現在好了，他死了，毛澤東就不惜大吹大擂的說：

「魯迅是中國文化革命的主將，他不但是偉大的文學家，而且是偉大的思想家和偉大的革命家」⑯

「魯迅是在文化戰線上，代表全民族的大多數，向着敵人衝鋒陷陣的最正確、最勇敢、

---

⑮ 「左翼作家聯盟」之成立，便是籠絡魯迅的。

⑯ 毛著「新民主主義論」。

最堅決、最忠實、最熱忱的空前的民族英雄」⑰。

「一切共產黨員，一切革命家，一切革命的文藝工作者，都應該學魯迅的榜樣，做無產階級和人民大衆的『牛』，鞠躬盡瘁，死而後已」。⑱

由於以上毛澤東向其徒衆大事吹捧魯迅的話看來，他是有意利用魯迅的「死魂靈」的，這也是毛某的精明處，他知道只以他自己的黨八股不能控制人的精神，還要在自己之外給人以精神方面的依靠，那便是鼓吹魯迅的反抗精神。（關於這點，柳亞子曾有詩云：「逐臭趨炎苦未休，能標叛幟亦千秋；稽山一老終堪念，牛酪何人為汝謀。」這個「能標叛幟亦千秋」正合毛某的口味，因為他正在作叛亂的活動。）並又特別給魯迅添加上對毛自己以及對「黨」的擁護。這樣，對毛某是有百利而無一害的。——毛某利用魯迅的「死魂靈」來吹捧自己，來吹捧他的「黨」，而魯迅的「死魂靈」既不能辯駁又不會反抗，是多麼的能運用自如！毛某是用魯迅自五四以來在文藝方面的聲望，來掩蓋他極陰險、極狠毒、極殘酷的行為！

這是毛某吹捧魯迅的原因。

⑰、⑱均見許廣平：「不許周揚攻擊和誣衊魯迅」一文中所引。此處所引者係香港「觀察家」三十二期所轉載者。文前有「編者按」云：「許廣平這一篇文章原發表在一九六六年第十二期『紅旗』上，顯然也是一篇『遵命文章』，為響應文革而寫的，但其中卻透露了許多有關的事實，仍有『第一手』的意義。那些太『文革性』的整段文字，已由本刊加以刪節。」

另據徐懋庸的回憶，知道中共頭頭毛澤東，對魯迅的維護，是不遺餘力的。在民國二十五年（一九三六）徐懋庸曾寫信給魯迅，對魯迅加以指責，並攻擊了胡風、黃源、巴金等人。魯迅公開答復了他，便是那篇有名的「答徐懋庸並關於抗日民族統一戰線」。徐說：「自從魯迅先生一九三六年答復我的那篇文章發表以後，在上海我的處境是很困難的。在過去，凡是受到魯迅斥責的人，大都是沒有好下場的，有的人，也以事實證明其爲不可救藥的分子，所以上海的很多人們，也認爲我是從此完蛋了。有的人，則因魯迅的文章中懷疑『是敵人所派遣』這句話，簡直認爲我就是反革命。周揚他們，也對我不負政治責任了。」其實，當時，周揚也無法在上海混了。於是，徐懋庸經過很多困難，到了延安。在延安兩個月後見到毛澤東。他向毛報告他上海與魯迅衝突的事。毛批評他說：

「但是你們是有錯誤的，就是對魯迅不尊重。魯迅是中國無產階級革命文藝運動的旗手，你們應該尊重他。但是你們不尊重他。你的那封信，寫得很不好。當然，如你所說，在某些具體問題上，魯迅可能有誤會，有些話也說得不一定恰當。但是，你今天也說，那是因爲當時處境不自由，不能廣泛聯繫羣衆的緣故。既然如此，你們爲什麼不對他諒解呢。」（徐懋庸「回憶錄」刊「新文學史料」第十期頁二六——二七。）

由於上面所擧中共頭頭毛澤東的話看來，毛某是不允許他的黨徒對魯迅「不尊重」的，這更可見毛某對魯迅吹捧的澈底了。

再說，毛某控制下之作家和文藝研究者，爲什麼吹捧魯迅？

自從毛某控制大陸之一部分及全部時，對文藝特別注意，經常推行文藝整風運動，把作家和文藝研究者整得不成人形，而文字獄更是非常的普遍。要筆桿而執筆寫文章的人，可以動輒得咎，弄得大家都不敢寫文章，由於毛某曾經大捧魯迅，而寫魯迅便不會遭到文字獄，所以，在大陸上學習魯迅，研究魯迅，注釋魯迅，寫作魯迅，風起雲湧，形成一種潮流。

這種情形，冷靜的觀察一下，便知道在毛某控制之下，什麼都不敢寫，假若寫了一定招禍！但，要筆桿者一定要要筆桿，既然別的都不敢寫，那就寫魯迅吧，反正寫魯迅是不會有罪的，因爲毛某已大吹大捧過了！更何況寫魯迅，還有「舒憤懣」的效用呢。

這是作家和文藝研究者吹捧魯迅的心態，也是形勢使然。

再說毛某的接班者，爲什麼吹捧魯迅呢？

中共當年被圍困在延安一隅時，魯迅就被封爲聖人[19]，又經過三十餘年的吹捧，魯迅的影響

[19] 柳亞子於抗戰勝利後在重慶寫的兩首律詩，題爲「爲魯迅先生逝世九周年紀念」，「其一」云：「迅翁遺教堂皇在，不作空頭文學家；抗戰八年成勝利，和平初步乍萌芽。光明已見前途好，曲折寧訝遠道賒；論定延京尊後聖，毛×一語奠羣嘩。」這詩中所說的「論定延京尊後聖」，是指毛澤東曾在延安尊

力，是相當大的！毛某的接班人，當然要利用這種影響力！遂繼續吹捧下去，就是在文革十年的浩刼時期，四人幫也還是藉魯迅的聲望來打擊異己。

當文革時期，所有的作家，無一倖免，下放的下放，勞改的勞改，清算、鬥爭、整肅，無所不用其極，許許多多的作家都在痛苦的煎熬中呻吟，他們在痛苦煎熬之餘，便想起了魯迅，曾經這樣說：

假若魯迅今還在

天安門外等殺頭！

意思是說，凡文人都遭到浩刼，魯迅要是活着，以魯迅反抗現實的諷刺文章，當然會被砍頭的。但，魯迅比較幸運，早在民國二十五年（一九三六）就向他所咒詛的黑暗世界告別了！「四人幫」雖被當時奪權勝利冲昏了頭，但對魯迅的「死魂靈」，還知道利用，而且以死魯迅去打活人！

（續前）崇魯迅爲聖人。柳亞子在致友人信中說：「……人家說他是中國的高爾基，毛××說他是中國現代的聖人，我看他是當之無愧色的。……」關於尊崇魯迅爲聖人，柳亞子在另一詩中亦曾再度使用，他於重慶在一九四五年九月廿五日魯迅誕生六十五週年紀念時，曾以「魯迅先生六十五歲生朝紀念敬獻詩一律」爲題，寫道：「禹甸堯封筆陣昌，瓣香早拜魯靈光；孔姬法乳傳茅盾，瑜亮同時有鼎堂。定論延京尊後聖，殊榮萊婦附周行；擧杯遙祝春申浦，景宋海嬰盡健康。」（胡希明：「柳亞子與魯迅」刊「新文學史料」第一輯。）可歎，毛澤東們爲政治的目的，毫不吝嗇的把魯迅神化起來，假如魯迅地下有知，會面對「聖人」吶喊起來，因爲他生前對「聖人」一再挖苦的，他怎麼能對恭維他是「聖人」的事緘默呢？

七、魯迅何時被清算？

前面已經分析了魯迅爲何被吹捧？那是因爲中共頭頭毛澤東曾經首先對其吹捧，直到民國七十年（一九八一）九月二十五日魯迅誕生一百周年，中共爲他召開「紀念大會」時，還這樣的捧他：

「魯迅是中國近代革命歷史上的偉大英雄，是文化戰線、思想戰線上的偉大戰士。魯迅的革命精神和他所留下的極其豐富的思想遺產，在他逝世後四十五年間，越來越受到人民的尊重，現在，我們隆重集會，紀念魯迅誕生一百周年，就是要學習他的革命，紀念他爲中國人民建樹的不朽功勛」⑳。

綜觀中共頭頭們及其御用的作家們，捧魯迅的話，都是由於政治上的原因而超出了魯迅本來的實質上的魯迅。所以，引起鄭學稼先生的一再提及魯迅將來會被清算，還魯迅一個本來的面目。

⑳ 香港「文滙報」七十年九月廿六日刊：「胡耀邦在魯迅誕生一百周年紀念大會上的講話」。

於是，我考察了魯迅有無被清算的可能？

首先是假如清算魯迅，有沒有藉口？用什麼作藉口？答案很簡單，那就是有藉口！他們將用三十年代曾經用過的伎倆——說魯迅與托派有關係。他與伊羅生的關係，一直維持到魯迅死亡的時期。至於魯迅答復托派的信，他們還可以說那是馮雪峰撰寫的。那是馮雪峰替魯迅撰寫的文章，以反駁周揚的流言的。總之，中共的對人，有一種惡劣作風——欲加之罪，何患無詞。

其次，是什麼時候會清算魯迅？這個問題便要看中共在什麼時候清算毛澤東！因爲魯迅在逝世之後，一直被中共吹捧的原因，是中共頭頭毛澤東首先捧魯迅，要死魯迅作活毛澤東的「護法」！於是魯迅也靈光起來了，眞是達到互相爲用的地步。

中共控制大陸建立赤色政權之後，所有作家都遭到汚辱，只有魯迅是愈捧愈高，有人說是魯迅的死運不錯，其實是毛某在利用他！中共份子對毛某的話，是不敢反對和反抗的。到文革十年的浩刼時期，更是「把毛××奉爲神，把毛××的著作奉爲聖經，搞迷信。……那時，誰要提毛××有缺點，那還行嗎？叫做『一千個不答應』，『一萬個不答應』。」㉑那麼，毛某既奉爲神，而魯迅也跟着神化起來，許許多多他們認爲的好話好事都添加在魯迅的身上。那時，誰還敢批評魯迅呢？更不要說清算魯迅了！

㉑ 一篇支配中共文壇的重要發言：「胡耀邦在劇本創作座談會講話」（一九八〇年二月十二、十三日）刊香港「廣角鏡」九二期。

到「四人幫」倒臺後，情況便有些變了！對毛某便有另一面的說法了！胡耀邦便說：「……人怎麼會沒有缺點呢？毛××在一九六二年的七千人大會上自己就講過，一些事情他要負責任嘛，說沒有缺點，這是違反我們黨的根本學說的一種錯誤的看法，三年來我們糾正這種錯誤看法費了多少勁！」㉒，另有中共在評價毛某時說過這樣一句話：說老毛「開國有功，建國有錯，文革有罪。」㉓，也有說他「建國無能」的。

以上是中共份子對毛某的批評，才剛開始，將來會越批評越厲害的，以致於達到清算的程度。因為中共根本是一個鞭屍的黨。數一數，自中共的黨在中國被移植以來，所有的頭頭不是都遭到了清算嗎？

等到中共份子清算毛澤東的時候，魯迅的被清算就不遠了！

結語

魯迅自有他本來的面目，被毛澤東吹捧以後，中共份子包括作家和文藝理論家，都一窩蜂似的向魯迅身上添加許許多多本來不是魯迅的東西，他們要按照他們的理想去莫名其妙的塑造魯

㉒ 同⑲。

㉓ 李勇：「梁漱溟旋風」。刊中央日報七十一年五月十三日—十四日。

迅。並且是照毛澤東的說法去塑造。

毛澤東終有被清算的一天。到那一天時，魯迅身上的添加物，便會清算掉了！

鄭學稼先生一再的和我談及魯迅將來會被清算，經過這一番的考察，魯迅的被清算是有可能的！

七十一年五月二十日撰寫
七十一年十一月十二日增訂

校後記

這一冊「魯迅這個人」，是從魯迅看三十年代的文藝，也從魯迅看「左翼作家聯盟」的成立、糾紛和解散的經過。當時，「左聯」是由論戰始，又由論戰終。

這是說，當時創造社和太陽社為提倡「革命文學」而圍剿魯迅，魯迅起而抵抗，是為革命文學的論戰，創造社和太陽社雖說人多勢衆，但在論戰方面並未佔上風。遂由中共命令創、太兩社由攻擊魯迅，改變作風，一轉而為擁護魯迅，用「左聯」的文藝團體名義，把魯迅奉為領袖，魯迅竟被圈進了左翼作家之中。當時，魯迅雖為「左聯」領袖，但被中共黨團所控制，魯迅豈是容易被控制的人物？他便和他們鬪爭。終其左聯時期，魯迅仍和中共的黨團份子奮鬪不懈，直到周揚等解散「左聯」，並提出「國防文學」的口號，魯迅反對解散「左聯」，並另提「民族革命戰爭的大衆文學」口號以作對抗。最後發表「答徐懋庸並關於抗日民族統一戰線問題」而達到鬪爭的高潮。也是「左聯」的告終。

同時，也談到反抗「左聯」的文藝團體和個人，以及當時政府方面的應付。面對「左聯」的糾紛不已，而這些反對「左聯」的方面，竟仍居下風。這實在是應該切實研究檢討的問題。

前事不忘，後事之師。三十年代文藝的研究意義，也就在此了。它其實是關乎「國家的興亡」的！

心皇 七十五年五月四日

滄海叢刊已刊行書目(七)

書名	作者	類別
文學欣賞的靈魂	劉述先	西洋文學
西洋兒童文學史	葉詠琍	西洋文學
現代藝術哲學	孫旗譯	藝術
書法與心理	高尚仁	藝術
音樂人生	黃友棣	音樂
音樂與我	趙琴	音樂
音樂伴我遊	趙琴	音樂
爐邊閒話	李抱忱	音樂
琴臺碎語	黃友棣	音樂
音樂隨筆	趙琴	音樂
樂林蓽露	黃友棣	音樂
樂谷鳴泉	黃友棣	音樂
樂韻飄香	黃友棣	音樂
色彩基礎	何耀宗	美術
水彩技巧與創作	劉其偉	美術
繪畫隨筆	陳景容	美術
素描的技法	陳景容	美術
人體工學與安全	劉其偉	美術
立體造形基本設計	張長傑	美術
工藝材料	李鈞棫	美術
石膏工藝	李鈞棫	美術
裝飾工藝	張長傑	美術
都市計劃概論	王紀鯤	建築
建築設計方法	陳政雄	建築
建築基本畫	陳榮美 楊麗黛	建築
建築鋼屋架結構設計	王萬雄	建築
中國的建築藝術	張紹載	建築
室內環境設計	李琬琬	建築
現代工藝概論	張長傑	雕刻
藤竹工	張長傑	雕刻
戲劇藝術之發展及其原理	趙如琳	戲劇
戲劇編寫法	方寸	戲劇

滄海叢刊已刊行書目㈥

書名	作者	類別
人生小語㈠㈡	何秀煌	文學
印度文學歷代名著選(上)(下)	糜文開	文學
寒山子研究	陳慧劍	文學
孟學的現代意義	王支洪	文學
比較詩學	葉維廉	比較文學
結構主義與中國文學	周英雄	比較文學
主題學研究論文集	陳鵬翔主編	比較文學
中國小說比較研究	侯健	比較文學
現象學與文學批評	鄭樹森編	比較文學
記號詩學	古添洪	比較文學
中美文學因緣	鄭樹森編	比較文學
比較文學理論與實踐	張漢良	比較文學
韓非子析論	謝雲飛	中國文學
陶淵明評論	李辰冬	中國文學
中國文學論叢	錢穆	中國文學
文學新論	李辰冬	中國文學
分析文學	陳啓佑	中國文學
離騷九歌九章淺釋	繆天華	中國文學
苕華詞與人間詞話述評	王宗樂	中國文學
杜甫作品繫年	李辰冬	中國文學
元曲六大家	應裕康 王忠林	中國文學
詩經研讀指導	裴普賢	中國文學
迦陵談詩二集	葉嘉瑩	中國文學
莊子及其文學	黃錦鋐	中國文學
歐陽修詩本義研究	裴普賢	中國文學
清真詞研究	王支洪	中國文學
宋儒風範	董金裕	中國文學
紅樓夢的文學價值	羅盤	中國文學
中國文學鑑賞舉隅	黃慶萱 許家鸞	中國文學
牛李黨爭與唐代文學	傅錫壬	中國文學
浮士德研究	李辰冬譯	西洋文學
蘇忍尼辛選集	劉安雲譯	西洋文學

滄海叢刊已刊行書目（五）

書名	作者	類別
燈下燈	蕭蕭	文學
陽關千唱	陳煌	文學
種籽	向陽	文學
泥土的香味	彭瑞金	文學
無緣廟	陳艷秋	文學
鄉事	林清玄	文學
余忠雄的春天	鍾鐵民	文學
卡薩爾斯之琴	葉石濤	文學
青囊夜燈	許振江	文學
我永遠年輕	唐文標	文學
思想起	陌上塵	文學
心酸記	李喬	文學
離缺	林蒼鬱	文學
孤獨園	林蒼鬱	文學
托塔少年	林文欽編	文學
北美情逅	卜貴美	文學
女兵自傳	謝冰瑩	文學
抗戰日記	謝冰瑩	文學
我在日本	謝冰瑩	文學
給青年朋友的信（上）（下）	謝冰瑩	文學
孤寂中的廻響	洛夫	文學
火天使	趙衛民	文學
無塵的鏡子	張默	文學
大漢心聲	張起鈞	文學
回首叫雲飛起	羊令野	文學
康莊有待	向陽	文學
情愛與文學	周伯乃	文學
湍流偶拾	繆天華	文學
文學邊緣	周玉山	文學
大陸文藝新探	周玉山	文學
累廬聲氣集	姜超嶽	文學
實用文纂	姜超嶽	文學
林下生涯	姜超嶽	文學
材與不材之間	王邦雄	文學

海滄叢刊已刊行書目(四)

書名	作者	類別
中國歷史精神	錢穆	史學
國史新論	錢穆	史學
與西方史家論中國史學	杜維運	史學
清代史學與史家	杜維運	史學
中國文字學	潘重規	語言
中國聲韻學	潘重規 陳紹棠	語言
文學與音律	謝雲飛	語言
還鄉夢的幻滅	賴景瑚	文學
葫蘆・再見	鄭明娳	文學
大地之歌	大地詩社	文學
青春	葉蟬貞	文學
比較文學的墾拓在臺灣	古添洪 陳慧樺	文學
從比較神話到文學	古添洪 陳慧樺	文學
解構批評論集	廖炳惠	文學
牧場的情思	張媛媛	文學
萍踪憶語	賴景瑚	文學
讀書與生活	琦君	文學
中西文學關係研究	王潤華	文學
文開隨筆	糜文開	文學
知識之劍	陳鼎環	文學
野草詞	韋瀚章	文學
現代散文欣賞	鄭明娳	文學
現代文學評論	亞菁	文學
當代臺灣作家論	何欣	文學
藍天白雲集	梁容若	文學
思齊集	鄭彥棻	文學
寫作是藝術	張秀亞	文學
孟武自選文集	薩孟武	文學
小說創作論	羅盤	文學
往日旋律	幼柏	文學
現實的探索	陳銘磻編	文學
金排附	鍾延豪	文學
放鷹	吳錦發	文學
黃巢殺人八百萬	宋澤萊	文學

滄海叢刊已刊行書目㈢

書名	作者	類別
我國社會的變遷與發展	朱岑樓主編	社會
開放的多元社會	楊國樞	社會
社會、文化和知識份子	葉啓政	社會
臺灣與美國社會問題	蔡文輝 蕭新煌 主編	社會
日本社會的結構	福武直 著 王世雄 譯	社會
財經文存	王作榮	經濟
財經時論	楊道淮	經濟
中國歷代政治得失	錢穆	政治
周禮的政治思想	周世輔 周文湘	政治
儒家政論衍義	薩孟武	政治
先秦政治思想史	梁啓超原著 賈馥茗標點	政治
憲法論集	林紀東	法律
憲法論叢	鄭彥棻	法律
師友風義	鄭彥棻	歷史
黃帝	錢穆	歷史
歷史與人物	吳相湘	歷史
歷史與文化論叢	錢穆	歷史
歷史圈外	朱桂	歷史
中國人的故事	夏雨人	歷史
老臺灣	陳冠學	歷史
古史地理論叢	錢穆	歷史
秦漢史	錢穆	歷史
我這半生	毛振翔	歷史
三生有幸	吳相湘	傳記
弘一大師傳	陳慧劍	傳記
蘇曼殊大師新傳	劉心皇	傳記
當代佛門人物	陳慧劍	傳記
孤兒心影錄	張國柱	傳記
精忠岳飛傳	李安	傳記
師友雜憶 八十憶雙親 合刋	錢穆	傳記
困勉强狷八十年	陶百川	傳記

滄海叢刊已刊行書目(一)

書名	作者	類別
國父道德言論類輯	陳立夫	國父遺教
中國學術思想史論叢(一)(二)(三)(四)(五)(六)(七)(八)	錢穆	國學
現代中國學術論衡	錢穆	國學
兩漢經學今古文平議	錢穆	國學
朱子學提綱	錢穆	國學
先秦諸子論叢	唐端正	國學
先秦諸子論叢(續篇)	唐端正	國學
儒學傳統與文化創新	黃俊傑	國學
宋代理學三書隨劄	錢穆	國學
莊子纂箋	錢穆	國學
湖上閒思錄	錢穆	哲學
人生十論	錢穆	哲學
中國百位哲學家	黎建球	哲學
西洋百位哲學家	鄔昆如	哲學
比較哲學與文化(一)(二)	吳森	哲學
文化哲學講錄(一)(二)(三)(四)	鄔昆如	哲學
哲學淺論	張康	哲學
哲學十大問題	鄔昆如	哲學
哲學智慧的尋求	何秀煌	哲學
哲學的智慧與歷史的聰明	何秀煌	哲學
內心悅樂之源泉	吳經熊	哲學
哲學與宗教(一)(二)	傅偉勳	哲學
愛的哲學	蘇昌美	哲學
是與非	張身華譯	哲學
語言哲學	劉福增	哲學
邏輯與設基法	劉福增	哲學
知識・邏輯・科學哲學	林正弘	哲學
中國管理哲學	曾仕強	哲學

滄海叢刊已刊行書目(二)

書名	作者	類別
老子的哲學	王邦雄	中國哲學
孔學漫談	余家菊	中國哲學
中庸誠的哲學	吳怡	中國哲學
哲學演講錄	吳怡	中國哲學
墨家的哲學方法	鐘友聯	中國哲學
韓非子的哲學	王邦雄	中國哲學
墨家哲學	蔡仁厚	中國哲學
知識、理性與生命	孫寶琛	中國哲學
逍遙的莊子	吳怡	中國哲學
中國哲學的生命和方法	吳怡	中國哲學
儒家與現代中國	韋政通	中國哲學
希臘哲學趣談	鄔昆如	西洋哲學
中世哲學趣談	鄔昆如	西洋哲學
近代哲學趣談	鄔昆如	西洋哲學
現代哲學趣談	鄔昆如	西洋哲學
思想的貧困	韋政通	思想
佛學研究	周中一	佛學
佛學論著	周中一	佛學
現代佛學原理	鄭金德	佛學
禪話	周中一	佛學
天人之際	李杏邨	佛學
公案禪語	吳怡	佛學
佛教思想新論	楊惠南	佛學
禪學講話	芝峯法師	佛學
圓滿生命的實現 （布施波羅蜜）	陳柏達	佛學
絕對與圓融	霍韜晦	佛學
不疑不懼	王洪鈞	教育
文化與教育	錢穆	教育
教育叢談	上官業佑	教育
印度文化十八篇	糜文開	社會
中華文化十二講	錢穆	社會
清代科舉	劉兆璸	社會
世界局勢與中國文化	錢穆	社會
國家論	薩孟武譯	社會
紅樓夢與中國舊家庭	薩孟武	社會
社會學與中國研究	蔡文輝	社會